新工业文明时代的价值创造

王 千 著

中国财经出版传媒集团

经济科学出版社

Economic Science Press

图书在版编目（CIP）数据

新工业文明时代的价值创造／王千著. —北京：
经济科学出版社，2018.7
ISBN 978 - 7 - 5141 - 9440 - 1

Ⅰ.①新…　Ⅱ.①王…　Ⅲ.①商业模式 - 研究
Ⅳ.①F71

中国版本图书馆 CIP 数据核字（2018）第 133371 号

责任编辑：白留杰
责任校对：郑淑艳
责任印制：李　鹏

新工业文明时代的价值创造

王　千　著

经济科学出版社出版、发行　新华书店经销
社址：北京市海淀区阜成路甲 28 号　邮编：100142
教材分社电话：010 - 88191354　发行部电话：010 - 88191522
网址：www. esp. com. cn
电子邮箱：bailiujie518@ 126. com
天猫网店：经济科学出版社旗舰店
网址：http://jjkxcbs. tmall. com
北京密兴印刷有限公司印装
710×1000　16 开　12 印张　200000 字
2018 年 7 月第 1 版　2018 年 7 月第 1 次印刷
ISBN 978 - 7 - 5141 - 9440 - 1　定价：42. 00 元
（图书出现印装问题，本社负责调换。电话：010 - 88191510）
（版权所有　侵权必究　举报电话：010 - 88191586
电子邮箱：dbts@esp. com. cn）

前　言

　　2016 年，为了更好地践行"产学研用相结合"的教研之路，本人选择到郑州悉知信息技术有限公司旗下的世界工厂网挂职一年副总，选择到这家公司挂职的初衷有两个：一是为了弄清楚 B2B 商业模式的运行究竟是怎样的。因为世界工厂网传承黎明工业集团依靠电商将销售额从 2000 万元提升至 20 亿元的电商应用经验，拥有数千种工业品采购经验的积累；世界工厂网项目团队是当时国内唯一既有传统制造业电商采购和电商销售经验，又有互联网平台建设运营实战经验的团队；2015 年底的世界工厂网日独立访客已达到 150 万人，拥有全球 2600 万家企业数据。二是为了弄清楚大数据时代的价值创造究竟在企业中是怎样进行的，当时作为国家电子商务示范企业的郑州悉知公司是大中华区首家 Google Adwords 体验中心。在悉知挂职期满结束时，收获远超出预期，除了上面两条，还意外地了解到跨境电商的运作。

　　2013 年时任世界工厂网 CEO 的乔景亮先生和他的团队在一起讨论怎样用一句话来表达世界工厂网要创造的价值，最后大家都认为"用信息科技推动人类新工业文明"最为贴切，"新工业文明"就成为世界工厂网价值追求的内涵表现。我们相信互联网的未来在传统经济，传统经济的未来在互联网。工业是传统经济的主体，探索工业与互联网的结合对人类意义重大，这也被称为第四次工业革命。

　　美国"工业互联网"德国"工业 4.0""中国制造 2025"等概念重在供应链的信息化、生产线和产品的智能化，包括应用互联网和物联网技术实现他们之间的互通。融合互联网、大数据和物联网的系统在工业生产中大规模使用是趋势，这使得当今工业正朝着智能制造的方向发生着深刻变革。智能制造能够实现大规模个性化定制，使工业文明从原来的"物本"时代进入新的"人本"时代，我们称为"新工业文明时代"。"新工业文明"的根本目的是实现人的全面发展，这与"互联网＋"赋能于人的最终趋势有异曲同工之处。目前，海尔的"人单合一"模式已被国际管理理论界和实践界推崇为人本的第五次工业革命（"工业5.0"）。

本书旨在构建新工业文明时代的价值创造理论，主要从价值发现、价值创造、价值传递、价值沟通和价值维护五个方面展开探讨，并围绕着世界工厂网B2B平台的打造展开深入阐释。新工业文明时代价值创造系统要解决的核心问题有很多，例如，如何实现个性化的价值主张？如何通过利益相关者的合作来实现价值的共创共享？如何通过智能制造实现大规模个性化定制？为什么价值创造由价值链、价值网理论发展到价值生态系统理论？为什么互联网经济下许多新创企业一开始就布局整个生态系统？为什么价值传递从原来的"渠道为王"时代走向"去中介化"时代？为什么未来一切基于信息不对称的商机都将不复存在？为什么数字资产在价值创造中发挥的作用越来越大？为什么长尾经济出现并迅猛发展？为什么价值维护方面出现利他主义思想……？本书尝试着剖析这些问题并构建出新工业文明时代的价值创造理论。

在新工业文明时代，科技延伸媒介，媒介更新人文，人文重塑商业规则。互联网技术推动人类社会信息更加对称，所有的商业模式都必须围绕着让信息更加对称来设计，进而调动社会资源更有效地被利用，最大限度地减少资源闲置，并且让每个人都能感受到个性化被尊重的实现。作为虚拟经济的数字资产成为新工业文明时代的重要资产，它与实体资产共同创造价值。移动互联网、物联网、云计算等各种技术的普及使人类进入大数据时代，而对大数据的积累、挖掘能力是企业决胜于未来的根本，未来经济的发展趋势将转向数字化驱动为主体的经济，而如何利用数字资产进行数字化赋能成为企业新的发展机遇。

"互联网+工业"的新工业文明图景令人期待，但没有思维的变革就无法真正领会其中精妙。新工业文明时代产生了融合与开放、竞争与合作、跨界生态圈等新思维。企业之间既竞争又合作，通过商业模式设计来解决用户价值主张、价值创造和价值维护的问题，其实质也就是通过构建价值生态系统实现全新的价值创造。这种价值生态系统纵向对价值链进行深化，横向跨界融合成为生态圈，纵横交错形成价值创造生态系统。在价值生态系统中，所有利益相关者合作共赢、共创共享价值，能够真正实现大规模个性化定制和"人本经济"。新工业文明时代必将催生出更多新的人本主义思维，这些思维将继续推动人类发展，并最终实现人的自由、全面、和谐和可持续发展。

作　者

2018年4月

目　　录

| 中篇　新工业文明的价值创造方式 |

| 下篇　新工业文明的反思及展望 |

工业文明对人类社会进步做出了不可磨灭的贡献，但工业文明在给人类带来巨大财富和社会进步的同时，也产生了能源、环境和社会危机问题。为了适应现代工业文明的发展，需要根据不同发展阶段的不同特征，不断建立和完善与现代工业文明相适应的经济、政治和社会运行机制。进一步促进经济全球化进程，给世界经济的发展提供强劲动力，推进世界文明的发展，最终推动人类社会走向新的工业文明时代。

与传统的工业文明相比较，新工业文明有如下几个特点：

第一，以人的全面发展为最终目的。"以人为本"是"新工业文明"的基因，我们知道，社会进步的最高价值目标是人的全面发展，在新工业文明社会下，经济社会发展的出发点和落脚点就是满足人的各项需求，促进人的全面发展。基于人的生存和发展的目的以及新型工业化的不断推进，作为社会经济基石的传统制造型企业更要转变生产方式，运用互联网思维和制造业新思维，提高生产效率和效能，节省生产成本，提升产品附加值，从而在全球工业市场领域占有一席之地。为人们提供充足的物质、文化和生活用品，有效促进经济社会发展和人类社会进步。

第二，以人和自然的和谐相处为基础。纵观人类社会发展史，谁违背了自然规律，必然会受到自然的惩罚。地球是我们赖以生存的星球，人类要对生存的家园常怀敬畏之心。对于已经被破坏的自然环境，人们需要大力推进智能制造和绿色生产，利用可再生、可循环的资源，让自然环境有得以喘息的机会来进行自我修复。除此之外，人们还必须摒弃征服大自然的旧观念，心存敬畏，尊重自然。事实证明，与自然和谐相处才是人类的智慧选择。随着科学和技术的不断进步，人类需要及时做出调整，合理、有效、可持续地利用资源，对生态环境进行有效保护。

第三，以资源有效利用的经济制度为依托。今天我们的经济制度的设计理念、基本思路大多还是以资源的无限利用为前提，在新的经济制度模式下，需要本着有限和克制占有为原则，优化资源配置方式，完善市场经济体制，建立一个统一、开放、竞争、有序的现代市场体系。除了加大政府体制的改革力度之外，还要加快政府职能的转变。政府经济工作的着力点必须从过去注重基础设施建设、资源过度消耗的模式转移到鼓励公平竞争、促进投资和创业的新型体制和政策上来。在市场经济的调控中，通过弱化政府配置资源的权力，减少和矫正行政干预所引起的价格扭曲，建设有限政府和有效政府。

第四，以崇尚创新为核心价值。创新驱动发展，创新是社会发展的不竭动力，人类作为万物之灵，崇尚创新、追求卓越是区别于其他动物的重要表现之一，也是人类社会先进科学价值观的集中体现。新型工业化道路是一条创新发展的道路，先进经验和创新能力在其中扮演着决定性作用。要走一条信息化带动工业化、工业化支持信息化的新型工业化道路，充分发挥"后发优势"，实现生产力的跨越式发展。近些年来，人类对新能源特别是清洁能源的需求显著增强，强烈呼唤新技术的诞生，它已成为21世纪全球性课题。随着技术创新能力的不断增强，人类对核能、太阳能、风能等新能源的利用水平显著提高，人们正在经历一场大范围的能源和原材料革命；与之并行发展的还有生物技术的进一步突破，例如，在遗传疾病的控制与治疗、生物多样性的再造、濒危物种的保护等方面也将取得革命性进展。那么，针对制造业，环保和节能的需求贯穿生产过程的各个环节，促使产品制造过程与环境相协调。产业废弃物、生活废弃物、城市建筑废弃物的处理等配套产业也与制造业的发展紧密联系，人类可以真正做到变废为宝，向未来的"循环型"经济快速转变。

新工业文明时代的价值创造方式呈现出异于传统工业文明时代的特征，本书旨在探讨新工业文明时代的价值创造方式，这种探讨是建立在对新工业文明深刻认识的基础上的，那么就让我们从新工业文明的源起入手展开研究。

新工业文明的源起

新工业文明源起可归结为思维、科技、政府和经济等方面：

第一，思维的变革推动着人类社会进入新工业文明时代。这些思维包括互联网思维、新生产方式思维和新制造思维等方面。

第二，信息科技孕育人类社会步入新工业文明时代。一方面，互联网技术创新带来的最大改变就是推动人类社会信息更加对称，未来所有的商业模式都必然围绕着让信息更加对称来设计，这不仅可以有效利用社会资源，而且能够实现大规模个性化定制，从而使人类社会走向新工业文明。另一方面，大数据的广泛应用、云计算的快速崛起和物联网的迅速兴起都正在一步步达到智能制造的新工业文明时代。

第三，政府介入助推人类社会迈向新工业文明时代。美国的"工业互联网"、德国的"工业4.0"和"中国制造2025"等国家战略都说明了融合互联网、大数据和物联网的系统在生产中的大规模使用，使得当今工业正朝着智能制造的方向深刻变革，使工业文明从原来的"物本"时代进入新的"人本"时代——新工业文明时代。

第四，互联网经济的发展催生人类社会迈进新工业文明时代。比特经济、信息经济等互联网经济的蓬勃发展使人类进入数字化的新工业文明时代。

第1章　思维变革推动新工业文明

新思维推动着新时代的到来。在信息不公开、不透明、不对称的思维占主导地位时，企业仅仅投入20%的精力放到产品本身上，而把80%的精力和资源投入到广告营销和渠道推广上，通过掌握信息优势，打赢一场场品牌商战，最终赚得盆满钵盈。这是因为信息的不对称和资源垄断，人们无法进行更多选择，而仅靠人与人之间的口耳相传，个体的影响也非常有限。

随着互联网与各个传统产业快速深入地融合，信息公开、透明、对称的思维则成为人们制定决策的首选。任何事情，只要我们灵光一闪，互联网就可能迅速帮我们实现。人们有了无数选择，再也不愿为了没有选择的选择而勉强买单。物联网时代的到来，让一切越来越快地连接，一切你能想到的，都有可能被实现。

这是一个伟大的产业互联时代，无论你是否有所感受，你都已无法选择，并已置身其中。没有这个时代做不到的，只有我们想象不到的。

例如在日常生活中，如果你想吃荔枝，不用再付出唐明皇那样"一骑红尘妃子笑，无人知是荔枝来"的高昂成本，只需手机在线查询、下单即可。满大街都是为各种APP服务的快递员、跑腿哥，为我们送上巴黎的生蚝、美国的牛排、澳洲的龙虾，并且，这一切都是新鲜的、热气腾腾的，就像这个蒸蒸日上的时代。

无论我们是谁，在同一个赛季竞争，市场会给出最公平的裁决。这个时代，人们的需求更加细分化、精准化、个性化，人们在追随产品质量、周到服务、优质体验的同时，也会因为一次不良体验而抛弃这项产品。身为企业，或许从头到尾都没有机会说一声感谢，也没有机会开口辩解。因为这是这个时代特有的公平和残酷，也蕴藏着巨大的机遇和挑战。

再看传统产业，中国"互联网＋产业"深度融合，加速传统产业转型并持续升级。而工业作为任何一个国家经济发展的支柱产业，一直被视为国家综合实力的重要标志。全球工业逐渐进入4.0时代，世界各国不约而同地将先进制造业的发展作为新一轮工业革命的首要任务。继美国"工业互联网"计划之后，德国"工业 4.0"概念风靡全球，日韩的制造业转型计划日益清晰，中国也在 2015 年推出"中国制造 2025"战略，致力于推动中国实现由工业大国到工业强国的转变。

那么什么是文明，第一次工业革命跟第二次工业革命给我们带来了很多"利益"，却忽略了一个字——省，因此造成了环境污染、资源浪费，而第三次工业革命（"工业 4.0"）或者现在的新工业文明，"文明"只想解决一个问题——返璞归真，还我们青山绿水、蓝天白云，这是人类生存最根本的东西，这是新工业文明的目标。

信息科技引发思维方式的变革，思维方式变革推动人类社会进入新工业文明时代。这些新的思维方式中，以互联网思维、新生产方式思维和新制造思维为代表。

1.1　互联网思维

互联网早已像阳光、空气和水一样成为人们生活的必需品，它无所不在、无时不在，与人们的生活息息相关。

从互联网兴起至今，它摧枯拉朽式的变化正深刻影响着我们今天所能看到的每一个传统行业。在这些传统行业中，有些企业可能会继续生存，可时代会改变他们的模式和形态；也有些企业把握不住时代的脉搏，不能作出调整以应对机遇和挑战，因此走向衰弱或消亡。

互联网时代，以用户为王，于是商业法则被互联网重塑。过去，一个企业消亡多数是被竞争对手打败；现在，一个企业消亡更可能是被用户抛弃。

互联网弱化了交易场所的边界，让产品供应方和需求方突破了空间和地域的限制，通过免费的电子商务网站等虚拟场所即可实现商品的交易过程。它还扩展了交易时间，过去，产品供应方只能在固定的时间营业；而现在，通过互联网就能实现 24 小时在线交易。同时，互联网也让交易类别变得丰富多样。人们不仅可以通过互联网交易畅销产品，也让很多曾经在线下滞销的产品有市场。此外，它提升了交易速度，提高了工作效率，人们通过手机、iPad、电脑等智能终端快速进入网上购物平台，再根据商品的交易记录和信用评价来选择心仪的商品，大大缩短了交易时间。更重要的是，互联网还最大化地消除了中间环节，实现了以互联网为中心，由点到点、端到端地直通互达，有效节省了从研究开发、生产制造到市场营销和物流等各环节的时间。

传统的思维方式是竞争与合作不能共存，但实际上今天的商业局面告诉我们这是一个竞争与合作交互的过程。这就是互联网时代的新思维，这就是观念的改变。

1.1.1　百家争鸣的"互联网思维"

总结"互联网思维"的定义，存在两种被大众认可的说法：一种是"工具论"；另一种是"现象论"。"工具论"认为，互联网像"基础设施"一样，是人们开展工作、学习和生活的前提条件，也是企业运转的必要条件。如今的企业都必须连接互联网才能开启一天的工作。在"工具论"中，互联网被视为"器"，广义之"器"包括大数据、云计算、智能终端等。

与之相比，关于"现象论"的解释呈百花齐放之状，比如小米公司的创始人雷军把互联网思维概括为"雷七诀"：专注、极致、口碑、快。腾讯公司创始人马化腾提出互联网思维的"马七条"：连接一切、互联网＋传统行业＝创新、开放式协作、消费者参与决策、数据成为资源、顺应潮流的勇气、连接一切的风险（赵大伟，2014）。在《互联网思维——独孤九剑》一书中，整合了互联网思维的有关论述，也归纳出互联网的 9 大思维，包括用户思维、简约思维、迭代思维、极致思维、大数据思维、社会化思维、流量思维、跨界思维和平台思维，这些解释均是互联网思维"现象论"的系统化总结。

也有人说互联网思维是一种价值观的养成，因为互联网的存在已经超越了技术的范畴，它更是一种思维方式。在互联网时代，大数据、云计算等科技日新月异，市场、产品、用户和企业价值链被互联网思维重新审视，甚至整个商业生态体系都被重新定义。

马克思历史唯物主义认为：生产力决定生产关系，生产关系要适应生产力的发展状况和规律。正如互联网是当今商业社会的基础设施，无论是传统企业还是互联网企业，若想在互联网时代的商业竞争中胜出，就必须充分利用好互联网工具和互联网思维去优化企业内部和外部的价值链条。

1.1.2　互联网思维的本质：从"物本"到"人本"

大数据、云计算的广泛应用，让互联网不再局限于 PC 端和移动端，人类已然进入了"物联网时代"（IOT，Internet of Things）乃至"万物互联时代"

（IOE，Internet of Everything）。正因为生产力决定生产关系，物联网技术很大程度上影响了商业逻辑，让那些传统、落后的垄断性生产销售和传播渠道失去了赖以存活的土壤。

可以从三个层次来理解"互联网思维"的本质，一是互联网精神。包括开放、平等、协作、共享等。二是互联网理念。包括虚拟实体打通、时空约束打破、一切都极致化、模块化、个人帝国主义、利用大众力量，通过免费应用来获得利润、用户本位主义。三是互联网经济。在交易技术层面是指长尾理论；交易结构层面是指市场均衡理论；交易绩效层面是指消费者主权论。根据互联网思维，传统制造型企业必须进行再造，构建智慧型组织，具体来说就是：网络化生态、全球化整合、平台化运作、员工化用户、无边界发展、自组织管理。互联网像无形的网覆盖社会生活的方方面面，没有中心节点，也没有层级结构。

互联网的特点是"去中心化"、开放和平等。李海舰（2014）认为，"平等"是互联网的重要基本原则之一。个体与企业之间的价值体现在互联网世界里，是由连接点的广度和密度决定的，连接点越广泛，价值就越大。另外，他认为"开放"也是互联网时代生存的必备手段。当下的商业模式是建立在平等与开放的基础上，而平等与开放又意味着民主、意味着人性化。因此，互联网真正体现了"以人为本"，而互联网思维正是以人性为出发点的思维方式。

1.1.3 世界工厂网：互联网思维助力传统企业转型

达尔文的"物竞天择"理论无论是在自然生态体系还是社会经济体系中都能适用。互联网和产业的深度融合已成必然，制造业是中国经济稳健发展的基石，它的技术演进也已经迈入了新时代。中国作为全球最大的消费市场、工业生产基地，互联网早已融合到传统企业运营的整个过程：从基础应用到商务应用，如自动化决策、智能化生产、发送邮件、微信建群、使用搜索引擎查询信息、在线交易、在线客服等。

华为公司的胡厚崑说："互联网时代，基于互联网的颠覆性挑战是每一个传统企业遭遇的最大挑战。"[①] 要想打赢这场战争，传统企业要改变思想观念

---

① 胡厚崑在日经 2013 年全球 ICT（信息与通信技术，Information and Commumications Technology）论坛上的讲话。

和商业理念，要以终为始地站在未来看现在，从而发现更多机遇，而不是用今天的思维去想象未来，看到的仅仅是威胁。

互联网是这个时代一切商业思维的起点，所有传统商业都会被这场互联网思维浪潮所影响、重塑乃至颠覆。人们目前处在第三次工业革命的"后工业化时代"，正在迈向互联网开启的新工业文明时代。工业时代的标志是：大规模生产、大规模销售和大规模传播。互联网时代的标志是：消费者拥有消费主动权，企业要以更快的反应、更好的服务和更优廉的价格来满足消费者的需求。

田溯宁表示："每家企业都要有互联网思维，不用互联网方式来思考问题的企业，就没有办法在社会展开竞争"。① 百度的创始人李彦宏认为："互联网正在加速淘汰传统企业，互联网以外的产业是更大的产业，每一个这样的产业都即将面临互联网产业的冲击"。②

在互联网浪潮下，互联网企业和传统企业都存在良好的发展机遇，同时也面临巨大的挑战。如何让挑战的压力成为企业稳健转型、快速前进的动力，这需要实践的勇气，也需要清晰的思路。以新一代 B2B 电子商务服务平台世界工厂网为例，它在 2013 年率先提出"行业运营商"模式，打造工业品行业细分领域的"行业工厂店"，利用传统企业的行业资源和专业优势，与互联网技术深度融合，目前已在我国 B2B 行业占据重要的位置。

互联网不是把其他都取代了，传统行业是为互联网做基础，甚至是支撑和前提。但是传统企业怎么能够长期发展下去？其实就是行业互联网化的过程。互联网给传统产业带来了更大的市场。这些行业利用互联网技术提高效率、降低成本。互联网思维拓展了传统企业的思考角度和市场视野，带来了良性互动。

不过，有人认为传统企业不具备互联网基因，因此难以成功转型。也有人认为传统企业在运营过程中积累的线下终端资源和行业经验，是互联网企业难以企及的，因此难以取代传统企业的地位。实际上，这两种观点都是片面的，都只看到了事物的一个方面。例如一些传统制造型企业还没有将基础的商务环境经营好，在向互联网转型过程中，低效环节被放大。同时，很多互联网企业对传统商业本质缺乏理解，进军传统行业屡屡败北。

---

① 田溯宁在 2014 首届世界互联网大会上的讲话。
② 李彦宏在 2013 百度联盟峰会上的讲话。

　　"一个完全没有从事传统商务的人或许不能把电子商务做好，因为如果没有真正操盘过某个商品品牌的建设，那么电子商务对他来说也是巨大的挑战。"安踏电商的负责人如是说。传统商务都还没有做好的企业，很难将电子商务事业作出成绩；而那些电子商务领域的后进入者，或许可以凭借对互联网工具的理解和掌握，迅速占领线上的控制权。例如，京东之于苏宁、国美，小米之于海尔、联想等。除了小米、京东，也有很多互联网企业因其创新、先进的模式和理念备受关注。2015 年是资本市场经历"寒冬"的一年，却也是新型 B2B 电子商务平台异军突起的一年。

　　艾瑞咨询统计数据显示，2015 年第一季度电子商务市场细分行业结构中，企业间电子商务仍然占主导地位，整体占比 75.7%，其中中小企业 B2B 电子商务交易额占比 46.5%。2015 年第一季度中国中小企业 B2B 平台服务营业收入规模为 47.2 亿元，同比增长 13.0%。整体而言中小企业平台服务营业收入规模同比有一定增长（如图 1 – 1 所示）。

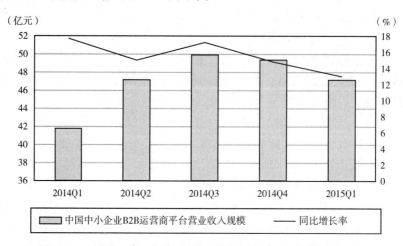

图 1 – 1　中国中小企业 B2B 运营商平台营业收入规模及增长率

　　资料来源：艾瑞网：《2015 年第一季度电子商务市场核心数据发布》，2015 – 5 – 22. http：// www. iresearch. com. cn/data/250194. html.

　　定位于工业品采购领域的新一代 B2B 电子商务交易平台——世界工厂网，就是其中的一个典型代表。互联网时代的用户特征可以被简单概括为：需求不断深入细分、追求更加优质的服务体验，或许正是对用户习惯和用户特征的清晰定位，世界工厂网通过深耕工业品领域，将工业品行业进行垂直细分，在每一个细分的工业品领域，挑选出传统行业中权威、富有经验的团队，与其达成战略合作关系，由他们来担任对应细分领域的"行业运营商"，运营此细分行业的"行业工厂店"。

一些富有经验的工业品行业的采购经理十分认同这种模式，认为这是传统企业优势与互联网企业优势完美结合的一种表现形式。目前，世界工厂网依据不同细分行业的交易特征、交易习惯等，在线上顺利运营了数百家行业工厂店，如机床行业工厂店、轴承行业工厂店、粉碎设备行业工厂店、液压件行业工厂店等。

不难看出，在不久的将来，所有的企业都将是互联网企业，所有行业都会受到互联网的影响，不论是在技术层面，还是思维层面。作为传统企业，需要思考如何利用互联网完成转型和升级，不能一味地担忧互联网会颠覆自己的领域，而应当考虑自己所在的行业该怎么"走出去"，该如何融入互联网。

1.1.4 展望：互联网思维与新工业文明

互联网思维与工业化思维正好相反，在互联网思维中，越复杂，（边际）成本越低；而在工业化思维看来，则是越复杂，（边际）成本越高。正如格力电器的董事长董明珠所说，格力的标准是"效率"。效率常常意味着单一产品的规模化生产，以达到降低成本的目的。相反，海尔张瑞敏的经济标准是"效能"，效能是复杂多样性与高效率的统一，人们也常常将这种"效能"视为目标变化多样情况下的效率。

理解互联网思维的前提是：充分考虑生产力、生产关系、生产方式和制度创新背后的基本因素。生产力对思维的影响，可以从技术角度观察。如果人们将经验式思维视为是受原材料驱动的自然式思维，将理性思维视为是受能源驱动的机器式思维，那么互联网思维就应当是受数据驱动的智慧式思维。

互联网思维虽然代表着互联网生产力、生产关系、生产方式和制度等因素的客观变化，不认同互联网思维的人主要是不能认知、不能接受上述这些因素的客观变化，误以为这些变化从未发生。然而，正如工业化最终改造了农民的意识一样，信息化最终也会改造工人的意识。

以互联网思维作为前提的"工业4.0""工业互联网"等，其愿景是通过大规模、定制化、大批量、多品种的生产方式，实现效率和效能的完美结合，从而开启智能化、绿色化的新工业时代，开创人类新工业文明。

加快建设和发展工业互联网，推动互联网、大数据、人工智能和实体经济深度融合，发展先进制造业，支持传统产业优化升级，具有重要意义。一方面，加快其发展有利于加速智能制造发展，更大范围、更高效率、更加精准地优化生产和服务资源配置，催生新技术、新业态、新模式，为制造强国建设提供新动能。另一方面，有利于促进网络基础设施演进升级，推动网络应用从虚拟到实体、从生活到生产的跨越，极大拓展网络经济空间，为推进网络强国建设提供新机遇。当前，全球工业互联网正处在产业格局未定的关键期和规模化扩张的窗口期，亟须发挥我国体制优势和市场优势，加强顶层设计、统筹部署，扬长避短、分步实施，努力开创我国工业互联网发展新局面。

1.2　新生产方式思维

　　思维模式是生产方式的映射，有什么样的生产方式，就有什么样的思维模式。例如，小农经济的农业生产方式，决定了小农式的经验思维模式；大规模社会化生产的工业生产方式，产生了理性的思维模式。过去我们讲工人阶级具有严格的组织性、纪律性，细究其因，其中一点就是大机器作业的流程化、标准化生产特征。同样，互联网思维不是偶然的点子，而是与小批量、多品种的信息生产方式相适应的思维方式，可以将其归纳为：新生产方式思维。

　　生产方式随着历史的发展而不断演进。人类经历了蒸汽化生产、电力化生产、标准化生产、流水线生产、精益生产、机器人生产的发展历程。这种演变不仅得益于管理和技术的变革，也得益于新的生产工具和生产方式的出现。先进技术的崛起，以及先进生产力的大众化才是真正的革命。

1.2.1　高度集成化：生产方式的变革

　　在新的工业文明时代，会有无处不在的传感器、智能控制系统、嵌入式终端系统和通信设施等，通过信息物理系统（CPS，Cyber Physical Systems）构成智能信息网络。这样一来，人与人之间、人与机器之间、机器与机器之间以及互联网服务与传统服务之间，都能够实现连接。

　　一方面，这不仅是 IOE 时代常常提起的信息物理系统的概念；另一方面，这也是在新的工业文明时代生产方式向高度集成化变革的体现。具体说来，高度集成化可以被归纳为三种表现形式：

　　一是生产方式的纵向集成。它指的是在企业内部实现所有生产运营环节和信息的无缝连接。让内部的信息流、资金流和物流实现一体化，跨越不同部门和生产环节，贯穿于整个生产周期。

二是生产方式的横向集成。这意味着跨出单个企业的范畴，将集成扩展到不同的公司。通过网络，实现企业资源价值链之间的横向集成，促进企业研发、生产、供应、管理和生产业务之间的无缝对接，以此让产品研发、协同生产制造、经营管理等不同的企业信息实现共享。

三是端到端的集成。如果扩展到整个价值链，使用物理信息系统可以实现价值链中各个端的集成。也就是说，围绕产品生命周期的价值链，能够通过不同企业的资源价值链的整合，将产品的设计、制造、物流，到维修等环节，实现产品生命周期的统一管理。同时，价值链中的制造商、供应商、分销商、渠道商和客户的信息流、资金流、物流等方面的信息和管理也将被整合统一，为客户提供更加优质的产品和服务。

1.2.2　新工业文明下新型生产方式

制造业互联网化的发展趋势非常明显，通过内置产品传感器、处理器和软件系统，与互联网相连接，生产方式也进入了智能互联的时代。

在 2015 年 3 月召开的"两会"上，李克强总理提出"互联网 +"概念，掀起"互联网 + 产业"的浪潮。"互联网 +"的春风吹拂华夏大地，渗入生产过程的各个环节。它将工厂的可视化、互联化、智能化变成现实，也将工厂、消费者与供应商、贸易商之间的实时互动变为可能。

物联网和服务联网弥漫在社会生产和生活中，其带来的高度灵活性、个性化和智能化的生产方式，正在推动制造业向大规模定制、服务型制造和创新型驱动的生产模式转变。新工业文明下的新型生产方式具备四个特征：定制化、分散化、服务化以及从要素驱动向创新驱动转型。

1.2.2.1　定制化

互联网最大化地消除了生产与销售环节之间的信息不对称，用户能够直面生产厂家，享受直面工厂的定制化服务。当下的热门词汇 C2B（Customers to Business），就是指企业以用户为中心，根据用户对产品设计、制造等环节的针对性需求，快速作出反应，从而为大量的用户定制产品和服务。

定制化服务与传统商业模式下的大批量、标准化生产模式迥然不同。海尔集团开发了冰箱的个性化定制平台，用户只需要在平台上填写相关的产品需求等材料，海尔就能完成对个性化冰箱的定制。与之类似的是世界工厂网在

"行业运营商"模式下，推出的"行业专家咨询"服务。采购经理在"速采"服务中填写采购需求，平台上的数百位工业品领域的资深专家会在 1 个小时之内作出快速的响应，根据不同的采购需求定制化一份有针对性的"报价单"，包括精准意向供应商的回盘和报价，以及不低于 10 家相匹配的供应商的产品信息、交易记录、信誉保证等。

这种定制化的新生产方式，不仅能够让生产过程变得更加自由和灵活，也能更大程度地提升消费者的参与度，形成一个新的生产系统。除了产品设计、采购、生产计划、加工和销售环节，也可以涉及个性化的单零部件的生产制造。也就是说，用户不仅能够出现在生产过程的两端，还能够广泛涉及生产和价值创造进程中的任一环节。

在发达国家，大规模生产制造的生产基地逐渐转移到了新兴市场国家，因为许多类型的小批量制造也逐渐成为主流。许多专家达成共识，认为"大规模定制"是趋势，它可以根据不同的个性化需求进行。现在，"大规模定制"随着以 3D 打印技术为代表的数字化和信息技术的普及，带来了技术的革新。在新工业文明时代，或许制造业的准入门槛会降至最低，不具备工厂与生产设备的个人也能很容易地参与到制造业中来，有可能对商业模式，乃至整个商业市场造成巨大的变化。

1.2.2.2 分散化

通过互联网，企业可以快速在全球发现和调整合作对象，整合优势资源，从研发、制造，到交易、物流等环节，实现全球范围内的协同化生产。也许以后会出现只有运营总部，却没有生产车间的虚拟企业。

例如，小米公司就实现了分散化的生产方式。小米的总部只负责研发和设计，生产、物流、销售等其他环节都进行外包。再如波音公司，凭借互联网技术，实现了在全球 30 多个国家、135 个地区和 180 个供应商之间的协同研发、协同制造。一架波音飞机拥有 400 多万个零部件，波音公司只负责生产其中大约 10%。另外，世界工厂网专注于 MRO 在线交易的"工厂易购"，未来也致力于形成线下与线上的结合，根据采购商的个性化需求，研发设计产品，形成线下智能化产品库，而生产、物流等环节与其他产业合作。

1.2.2.3 服务化

在新工业文明时代，企业能够远程实时监控产品的生产情况，获取产品运行数据加以分析，实现对产品的远程控制、诊断和服务，从而大大降低运营和维修成本。例如，GE公司为了保证飞机的安全运行，在飞机引擎上安装传感器，将发动机运行数据实时发送回GE的监测中心，对发动机状态起到实时监控的作用，这样就能及时提供检查、维护和维修等服务。

在互联网与产业深度融合的时代背景下，服务型制造是未来产业结构调整的重要方向，制造企业将更加专注产品生命周期的各个环节，深入融入市场，提高增值服务，增加产品附加值。

1.2.2.4　从要素驱动向创新驱动转型

企业的发展除了从生产型制造向服务型制造转型以外，经济社会的不断发展也使得以廉价劳动力、大规模资本投入等传统要素为驱动的发展模式难以为继。云计算、物联网、大数据等信息技术在制造业的广泛应用，必将带来产业链的协同开放创新、客户的参与式创新，还有制造业技术产品和服务的全方位创新。与此同时，还不断催生和孕育出新技术、新业态和新模式，从而激发整个社会的创新激情，加快社会从传统的要素驱动向创新驱动转型。

新工业文明时代要实现的终极目标是"可持续发展"。合理利用有限资源是产业飞速发展的新工业文明时代的先决条件。这意味着，发展不仅要"多""快""好"，还要"节省"。为实现这一目标，生产性质从大型集中向分散型、"民主化"转变。物联网、云计算技术，有利于生产方式"民主化"的发展，智能制造、3D打印技术在推进"制造民主化"；绿色经济、新能源的应用也在有效推进"能源民主化"的进程。

新的生产方式带动了社会经济的蓬勃发展，城市化进程也发生了变化。更多中小城市不断涌现，而"城市"作为高效率和社会文明的一种代表形式，让人们享受到了更多更方便、更舒适的生活空间，使得人们的生活质量不断提升。

今天，蔚蓝的天空、清新的空气、清澈的河水、翠绿的青草和清洁的食物，仍是我们最简单、最朴素的向往，而这，也将是新工业文明不变的航向。

1.3　新制造思维

思维有多宽广，我们的想象空间就有多大、创造力就有多强。在德国"工业4.0"的设想下，所有与我们生活息息相关的物品都会被植入芯片或传感器，实现万物互联；所有的事物状态都可以通过大数据、云计算技术被监测和控制。

试想一位车主开车出门前，汽车自身的监测系统提醒他某一个轮胎气压不足，并自动联系好附近的 4S 店进行处理。同时 4S 店也能监测到这辆汽车在使用期间小到一个螺母的机械运行状态，提醒车主及时了解汽车的整体状况，保证出行安全。另外，车主在驾驶过程中，汽车会提醒他前方 100 米处的地面上有一处障碍物需要绕行，请他提前做好准备。因为所有的车辆都配有传感器装置，前面的车辆在经过障碍物后把此信息分享给了附近的所有车辆。以上这两个情景正在逐步成为现实。

互联网世界的变化和发展速度之快，远远超出我们的想象。如果说技术决定了我们走多快，那么思维则决定了我们可以走多远。在构建新工业文明时代的道路上，实现绿色制造、智能化生产、节约能源、节省资源，实现效率与效能的完美结合，是新制造思维的核心。

1.3.1 关于新制造思维

德国提出的"工业 4.0"概念有三个支撑点。一是制造本身的价值化，不仅要做好一个产品，还要把产品生产制造过程中的成本降至最低。二是在制造过程中，根据加工产品的差异和加工状况的改变，自动地作出调整，达到生产制造的"自省"能力，让整个系统，包括设备机器本身，在设计制造过程中能根据变化及时作出调整。三是在整个制造过程中达到零故障、零忧虑、零意外、零污染，这不仅是制造业生产的最高境界，也体现出新工业文明时代下的制造业新思维。

进一步而言，新制造思维一方面体现在通过提供透明化的工具和技术，将不可见环节中的问题重现出来。让设备、工具和技术真正透明，需要使用先进的预测工具和方法，用大数据分析来预测制造工序和生产系统中存在的隐患或问题。这些信息和数据分析的结果将有助于解释生产过程中的不确定性和不稳定性，从而提前做好万全之策，提高效率和效能。这也揭示了"预测制造系统"（Predictive Manufacturing）的内涵。

智能制造系统是实现预测核心技术的操作单元，包括设备功能、预测智能软件建模、设备性能分析和失效时间估算等，以减少设备的性能不确定性对生产制造的影响，让用户能够缓解和消除制造过程中的低效率、高忧虑问题。

从另一方面来说，从一些不可见的问题入手，引导产品创新，也是新制造思维的重要表现。众所周知，产品的创新有三种模式：企业经常性地改进产品、非连续性的产品创新、主控式创新（Dominant Innovation）。第一种无须多言，是为了迎合用户的喜好；第二种是大多数企业正在做的事情，我们可以将这种创新模式称为"产品研发"，即一个新技术的应用引发多项相关产品的发明，从整体上改变产品和服务，形成一个系列的连环效果；第三种模式被一些学者称为"发现GAP"，就是发现产品中可能需要提升或改进的"缝隙"和机会，它以情景模拟的方式，思考应该为新产品赋予哪些功能，以实现此产品真正的突破性创新。

针对第三种创新模式而言，用户在阐述体验产品的感受时，往往很少提及外围和深入的东西。可能他们没有这种意识或根本就不知道，不像生产制造商或产品经理，需要关注生产制造中的内在逻辑。新制造业思维在现实中的例子有很多，比如绝大多数消费者在买车时更关心的是油耗情况，很少有人真正关注开车习惯对耗油量的影响，其实良好的开车习惯可能减少高达20%的油费支出。如果按照传统的制造思维，汽车制造商只需根据客户的要求，生产出耗油量低的产品。而制造业新思维提示我们，司机的开车习惯才是应该被注意到的GAP，如何有效利用这个GAP，让制造商达到对产品的主控式创新，需要每一家企业不断地摸索和尝试。

所以，新制造思维就是通过分析数据，然后预测需求，最后预测制造和生产。

1.3.2　制造业新思维：从"物理"到"信息"的互联制造

对于制造业的发展，先进工业国家都提出过自己的设想。美国利用互联网优势，企图用互联网技术控制制造；德国的制造业是基于互联网的智能生产和制造；中国也在2015年的全国"两会"时由李克强总理在政府工作报告中提出"互联网＋"和"互联网＋行业"的概念，为中国制造业的发展提供了新的思路。

过去，在生产产品的过程中，需要付出的时间和成本很多，现在，越来越多的产品与互联网相连，都在不断地网络化，提高了生产效率和效能。随着信息技术、互联网和电子商务的普及，制造业企业要不断地基于网络获取信息，对市场需求作出快速反应，还要合理地利用和分配资源，将资源集成与共享。

正如汽车正在逐渐步入自动驾驶时代，未来汽车也会成为一个网络终端，人们身边的所有产品不断地网络化。制造业的新思维从"互联"开始，"连接"是"工业4.0"永恒不变的主题词，而连接的范围之广，几乎涵盖了所有的设备、生产线、工厂、供应商、产品和客户。

"工业4.0"的概念揭示了物联网（IOE）的发展趋势：无处不在的传感器、嵌入式终端系统、智能控制系统、通信设施，通过信息物理系统组成智能网络，使产品之间、生产不同产品之间的设备、数字世界和现实世界之间、机器的系统和人类社会工作之间，通过物联网始终保持连续性的共享和交换。

制造业新思维下的"互联"可以体现为四个方面：

一是生产设备间的互联。不同类型和功能的智能单机设备间的互联，组成了智能生产线，再由不同的智能生产线之间的互联组成智能车间，然后智能车间的互联组成智能工厂。最后，由不同地域、行业、企业的智能工厂的互联组成智能制造系统。更重要的是，他们之间可以自由、动态地进行组合，以满足不断变化的制造需求。

二是设备和产品的互联。这是生产设备互联的进一步发展，生产设备和产品之间能够通信，让产品理解制造中的细节并协助生产过程的推进。与设备互联的产品似乎被赋予了智慧，知道自己将被如何使用，回答诸如"哪组参数可以让我进行处理""我是什么时候被制造出来的"等问题。这意味着智能工厂能够自行运转了。

三是虚拟和现实的互联。因为信息物理系统是"工业4.0"的核心，要通过物理设备连接到互联网，使得物理设备具备计算、通信、控制、远程协调和自治五大功能。将原来由冰冷的机器生产线组成的工厂转变为一个具有温度的智能环境，以实现虚拟网络世界与现实物理世界的融合。智能制造的核心在于实现机器智能和人类智能相互协作，实现生产过程的自我感知、自我适应、自我诊断、自我决策和自我修复。

四是万物互联。人、物、数据和程序之间通过互联网联系在一起，实现所有人和人、人和物、物和物之间的相互连接，进而重新构建生产工具、生产方式以及生活场景。

互联制造能够快速响应市场的变化，通过制造企业的快速重组、动态协同来配置制造资源，在提高产品质量的同时，减少产品投放市场时所需的时间，增加市场份额。此外，还能分担基础设施建设、设备投资等费用，以减少经营风险。

1.3.3　新制造思维与新工业文明

新制造思维引领着时代潮流。工厂能通过互联网实现内外服务的网络化，向互联工厂的趋势发展。采集并分析生产时的信息，向消费者反馈，以工厂采集的信息作为大数据，解析之后就能够开拓更多商业机会。

先进的制造思维带来的是先进的制造技术（AMT, Advanced Manufacturing Technology），注重经济效益和技术的融合性，通过柔性生产、灵活生产、产品差异化、注重效率和质量等方式，增强企业对市场的反应能力，提高自主创新能力，为客户提供更加人性化的服务。通过发展 AMT 和战略性新兴产业，改造提升传统的资源密集型和劳动密集型工业，以开辟一条科技含量高、资源消耗低和环境污染少的新型工业化道路，这已经成为提高中国高新技术水平、推动经济发展和满足人民日益增长需求的主要技术支撑（周佳军、姚锡凡，2015）。

3D 打印和智能制造改变了制造业的格局。唐代的文学家和哲学家韩愈曾提出过"不破不立"的说法，互联网的"数字化"和"跨界融合"放大了创新的力度，使颠覆成为可能，不仅体现在技术和产品层面，也体现在商业模式上。举个例子，阿迪达斯推出的 3D 打印制鞋技术，成本并没有增长很多，但可以缩短外包线路，甚至把生产转回国内。阿迪达斯还给跑鞋装上了传感器，你就可以对所有的数据进行收集和衡量，然后基于这些数据可以对产品进一步优化，再按优化后的版本生产和销售。

作为新一代 B2B 电子商务服务平台——世界工厂网，率先提出"免费入驻，按交易效果收取服务费"的理念，开创出"真正按效果付费"模式。世界工厂网提出根据"精准访客、询盘、成交额"三项"效果点"来收取交易佣金，从根本上解决了在 B2B 会员制模式下供应商所受的服务效果无法保证、产品质量参差不齐、采购商的采购体验不佳等问题。另外，打车软件如滴滴打车、Uber 等改变了出租车的行业业态，这类例子不胜枚举。快速，是"颠覆式创新"的最大特点。在互联网背景下，竞争对手之间的反超在一夜之间就能够发生，而"颠覆式创新"也是新工业文明的大势所趋。

综上所述，互联网思维、新生产方式思维和新制造思维，这些变革的思维方式在不断推动着新工业文明的崛起。

第2章 信息科技支撑新工业文明

马克思主义唯物辩证法认为，任何事物的存在和发展、停滞和衰亡，都必须是从内外交错、纵横交织的相互关系上进行的。新工业文明的到来需要有思维这个基础，也需要有技术的支撑。

2012年以来，工业化发展成为各国讨论的热点，以物联网（IOT）、万物互联（IOE）或大数据（Big Data）为代表的信息技术，和以绿色能源为代表的新能源技术以及3D打印技术为代表的数字化智能制造等技术系统协同创新，将柔性化、智能化、敏捷化、精益化、全球化和人性化融为一体，改变了制造业的生产模式和全球经济系统，引领人们的生产生活走向智能化时代。

任何一个国家想要真正强大就必须有坚实的制造业基础，即使发展至今，美国经济的1/4仍然是制造实体产品的制造业。如果将产品分销和零售都计算在内，美国的制造业占经济的比例高达3/4。制造业也是中国经济增长的主体和基础，是综合国力的重要体现。当前中国制造业的总体情况依然落后：从资源与环境的角度看，中国制造业对能源和资源消耗巨大，环境污染严重；从技术与创新水平的角度看，中国制造产业的技术创新能力薄弱，科技含量低，技术水平落后，有自主知识产权的产品少，产品的附加值较低。在通往新工业文明时代的道路上，提高生产制造的科技水平，用信息技术推动创新，提高产品的附加值，是传统制造业转型升级并得以持续发展的有力保障。

2.1 大数据的广泛应用

先进技术的快速普及，正在颠覆着传统的商业模式。近年来，随着互联网、物联网、云计算等信息技术与通信技术的迅猛发展，数据量的暴涨成为许多行业共同面对的严峻挑战和宝贵机遇。通过大数据的传达、聚合、存储和分析，可以准确把握全球经济的各个领域的信息。阿里巴巴创始人马云也在多个场合表达自己的观点：人类信息社会已经进入了大数据时代。

大数据的涌现改变着人们的生活与工作方式以及企业的运作模式。随着制造技术的进步和现代化管理理念的普及，制造业企业的运营越来越依赖信息技术，制造业的整个价值链和制造业产品的整个生命周期，都涉及诸多的数据，制造业企业的数据也呈现出爆炸性增长的趋势。同时，随着大规模定制和网络协同的发展，制造业企业还需要实时从网上接受众多消费者的个性化定制数据，并通过网络协同配置资源、组织生产，管理更多的有关数据。大数据可能带来的巨大价值正在被传统产业所认可，它通过技术的创新与发展，以及数据的全面感知、收集、分析和共享，为企业的管理者和参与者呈现出全新的认识制造业价值链的方法。

2.1.1　"大数据"及其应用

大数据分析已经引入全球经济的各个领域。企业生产中日益增多的运营数据，来源于每日从客户、供应商、运营商捕获的数万亿字节的信息。数以百万计的网络化传感器被嵌入在物理世界的终端设备，如手机、智能手表、汽车以及工业生产环节中的机器、零配件等，使这些数据及时汇入互联网。可以想象，在一个数字化的世界里，消费者每天都在创建属于自己的大数据，日常沟通、浏览、购买、分享、搜索等习惯产生的数据都可以勾画出一个人的喜好、性格特征等。

过去的数据时代，我们使用文件、文件夹桌面这些工具录入数据。互联网时代，数据出现在网页上、链接里，我们用云、标签、流量来形容数据。麦肯锡公司 2012 年在大数据研究报告中称："大数据是国家和地区发展的主要指标，已经渗透到金融、健康、住房、交通和教育等重大民生领域，正在影响着企业的决策和国家发展的战略部署。"

什么是"大数据"？一般而言，大数据是对网上海量的文本、图像、音频和视频数据进行采集、分析、加工和利用。在 IOE 时代，无论何时何地，手机等各种网络入口以及无处不在的传感器等，都会对个人数据进行采集、储存、使用和分享。把许多碎片化的信息拼接起的大数据给企业带来巨量的机遇和商机。

大数据有什么价值？大数据可以帮助企业制定更精准的策略，以保障生产率的持续提高及消费者剩余的持续增长。有效利用大数据可以提升生产制造的效率和效能，使企业用较少的资源、少量的时间输出更多高质量的产品。例如，一些企业根据数据分析来设计产品，从而满足消费者的个性化需求；根据消费者或用户的大数据分析，推送适合其个人品位、消费水平的产品广告、品牌活动等。如果大数据普遍应用于手机等生产制造行业中，则厂家在生产手机等移动设备时，可以先通过消费者的大数据分析其使用习惯、个人偏好、应用程序等，定制能满足消费者高度个性化需求的产品，这对于消费者来说吸引力会更高。由此看来，大数据应用可以捕捉到在生产、销售、流通等整个过程中的潜在需求和操作流程，从而有效提升企业的创新驱动力。

大数据应用最本质的目的是什么？由于大数据呈现出不可估量的商业价值，许多企业都已将大数据用到库存、客户消费能力分析、物流、配送等环节，解决了许多商业难题。企业从海量数据中分析出一定的特征，进而预测未来可能会发生的事项，因此，大数据最本质的应用是预测。不同数据流被整合到大型数据库后，预测广度和精度都会大幅提高。

有关大数据的应用，维克·托迈尔·舍恩伯格曾说："大数据时代已经到来，要用大数据思维去发掘大数据的潜在价值。"他在《大数据时代》一书中用很多例证都是为了说明这个道理。"大数据思维"具有三个方面特征：一是需要全部数据样本，而不是抽样；二是关注效率而不是精确度；三是关注相关性，而不是因果关系。所以，大数据并不在"大"，而在于"有用"（维克·托迈尔·舍恩伯格，2013）。

大数据思维首先就要能够充分理解数据的价值，并且知道如何利用大数据为企业经营决策提供依据以及通过数据处理创造商业价值。大数据本身不重要，信息量和创造价值的过程才是真正重要的。大数据只是一个现象，只有真正分析利用了，才会有价值。

如今的工业世界也已经变成了飘浮在数据海洋上的巨轮。面对这些形形色色、结构各异、纷繁复杂的数据，如何抓住隐藏在其中的机遇而又不迷失方向，正考验着新工业文明时代下的企业家和决策者。

2.1.2 新工业文明的核心是数据

"数字化"是驱动新工业文明发展的引擎和助推器。麦肯锡全球研究院（MGI，The Mckinsey Global Institute）在 2010 年曾做过一个有关生产效率和大数据技术应用的研究。研究发现，大数据应用让生产效率快速提升。例如，特易购（Tesco）、亚马逊（Amazon）、沃尔玛（Wal－Mart）、第一资本金融公司（Capital One）等都已将大数据应用作为应对经济全球化的有力竞争武器。

"数字化"的内涵非常丰富，涵盖各种网络时代的技术，包括物联网、云计算和大数据等。对于新的工业文明，数字化的意义等同于前两次工业革命中的蒸汽机和电力，它改写了人类文明的进程。全球范围内，互联网普及率不断增加。根据中国互联网络信息中心发布的第 41 次《中国互联网络发展状况统计报告》显示，截至 2017 年 12 月，我国网民规模达 7.72 亿，其中手机网民规模达 7.53 亿，互联网普及率为 55.8%。移动商务类应用发展迅速，互联网应用向提升体验、贴近经济方向靠拢。手机和电脑已经成为人们日常生活的必备，玩转互联网已经成为企业和个人的基本技能。可以毫不夸张地说，数字技术颠覆了人们生产生活的方式。

在数字驱动的互联网技术应用下，企业与企业之间、行业与行业之间的传统界限被打破，"跨界融合"已经成为新的工业文明时代下的新常态，互联网企业和传统企业的深度合作也已经成为这个时代的浪潮。

2014 年，爱森哲公司和 GE 公司进行了一个面向中国、法国、德国、印度、美国、英国和南非等国企业家的调研，并发布了名为《2015 年工业互联网洞察报告》(*Industrial Internet Insights Report for* 2015) 的白皮书。参与调研访谈的是那些年销售规模超过 1.5 亿美元的中型以上企业的高层管理人员，其中，有 20% 的企业的年营业收入超过 10 亿美元。通过调查发现，运用大数据技术运营企业已经在这些企业的高管层产生了高度的共识。有超过 80% 的高层管理者已经将大数据分析和应用列入了企业前 3 项最重要的技术投资清单，有 73% 的企业高管表示他们将使用超过 20% 的技术预算应用于大数据领域的技术研发和技术应用，超过 10% 的人表示使用的技术资金比例将超过 30%。

在西方国家，研究人员用强有力的证据表明，大数据手段可以提高效率，减少输入的数量，同时保持相同的输出水平。大数据在今天已经成为一个重要的生产要素，与有形资产和人力资本一样重要。随着互联网技术的逐渐渗透，传统企业与互联网深度融合，企业收集信息的方式、渠道也将逐渐完善。同时，物联网技术的应用也让大数据的发展有了充满想象的未来。

新工业文明时代已经来临，我们要不断发掘大数据的巨大潜力，为企业和人类社会创造更大价值。

2.1.3　世界工厂网的大数据应用

从近几年的发展趋势来看，企业已经看到了数字资产的重要性，而且其作用和意义会变得更为关键和具有战略性，最终以数字资产和大数据为基础的资产，会成为每个工业企业的发展基础和核心资产。同时，大数据不仅是"工业 4.0"所阐述的 CPS 的核心，也会成为虚拟世界和整合物理世界的核心所在，这是每个企业都必须关注的战略议题。

世界工厂网作为一个全球工业品采购平台，从 2011 年起就已着手布局大数据应用，日均处理超过 2.5 亿条供求信息，日均分析 150 万个独立用户超过 1000 万个访问行为，日均处理数据规模达 8000G。这些海量数据被实时纳入到世界工厂网自主研发的数据中心，例如，任务调度系统、资源调度系统、实时计算系统、实时接入系统、分布式数据仓库和信息安全系统等，进行高效处理和深度挖掘，进而形成一系列的商业价值数据。这些数据成果包括：云荐、行业采购指数、智慧工业云和定期生成的工业品行业数据报告等。

为了让企业更加了解用户需求、了解市场动态。世界工厂网还为企业提供基于大数据和云计算的应用程序接口（API，Application Program Interface），与工业企业内部的企业资源规划（ERP，Enterprise Resource Planning）、制造执行系统（MES，Manufacturing Execution System）、产品数据管理（PDM，Product Data Management）等 IT 系统进行对接的服务。未来，世界工厂网在大数据方面的丰硕成果，会成为企业"工业 4.0"信息化和互联网应用的基础。世界工厂网将会成长为新工业文明下工业企业迈向"工业 4.0"互联互通的重要平台。

2.2 云 计 算 的 快 速 崛 起

许多计算机架构数据处理能力很弱，对于大型企业，区域数据中心和分散的业务系统已不能满足企业的日常管理。它不仅不能全面、客观地反映生存和发展状况，同时也影响市场环境迅速地作出反应和对稀缺资源的合理配置。高速互联网技术和产业的整合，得益于前所未有的强大的后台云计算能力。

云计算能够提供相关资源以实现自己的需求，例如信息系统、基础设施、应用平台，甚至全方位服务的应用软件日益被接受。许多公司放弃了传统自建的 IT 基础设施系统，开始利用"云计算"服务。假设，在一组 500 人的企业里，信息量是 500 万的平方，另外 500 人组的信息量也是 500 万的平方，如果这两组产生的数据相加是 1000 万的平方，那么这个数据量的级别远远大于二者平行的 500 万的平方。云计算就是连接所有大数据在一起形成一个更大的网络，使其发挥的作用呈现几何式增长，所以"云"比分散成许多小的网络的数据更有价值。"云计算"是系统虚拟化的最高水平，用于创建高度虚拟化的资源供给用户。

2.2.1 "云计算"的概念及内涵

"云计算"（Cloud Computing）一直广受社会各界的关注。它被评为 2009 年最受期待和关注的十大 IT 技术之一，从 2010 年开始逐渐进入成熟阶段。

在"云计算"概念出现之前，有许多类"云"概念和计算模式，例如，网格计算（Grid Computing）、按需计算（On - demand Competing）、效用计算（Utility Computing）、互联网计算（Internet Computing）、软件即服务（Software As a Service）、平台即服务（Platform As a Service）等。我们可以这样理解"云计算"：是以虚拟化技术为基础，以网络为载体，以提供基础架构、平台、软件等服务为形式，整合大数量级、大规模可扩展的计算、存储、数据、应用等分布式计算资源，进行协同工作的超级计算模式。

"云计算"的架构主要包括一个核心服务层，服务管理和用户访问界面层。核心服务层又可分为三个子层，分别为：基础设施作为一种服务的 IaaS，以平台作为一种服务的 PaaS，软件即服务的 SaaS。IaaS 提供硬件基础架构部署的服务，为用户提供真实或虚拟的计算、存储和网络资源的需求。PaaS 为云计算应用提供运行环境、应用程序部署和管理服务。

服务可用性管理为云计算处理的可靠性和安全性提供了保障，服务管理包括 QOS（服务质量）保证和安全管理。云计算需要提供高可靠性、高可用性、低成本、个性化的服务。然而，大规模的云计算平台结构复杂，难以完全满足用户的 QOS 要求。出于这个原因，云计算服务提供商和用户需要进行磋商并制定服务水平协议（SLA，Service Level Agreement），双方需要达成一致的服务质量的共识。

用户接入接口层实现云计算服务，通常包含 Web 服务、Web 门户网站、命令行等形式。访问模式命令和 Web 服务可以提供的应用程序开发接口对于终端设备，以及各种服务的组合。

许多知名 IT 公司都曾推出云计算解决方案，包括 Google、IBM、Microsoft、Amazon、EMC 等。与此同时，国内外学术界对云计算的解释也是众说纷纭。主要有三种代表性定义：

第一种定义：云计算是一种能够在短时间内迅速按需提供资源的服务，解决资源过度使用和过低使用的问题。

第二种定义：云计算是一种并行的、分布式的系统，由虚拟化的计算资源构成，能够根据服务提供者和用户实现商定好的服务等级协议动态地提供服务。

第三种定义：云计算是一种可以调用的虚拟化的资源池，可以重新配置负载动态，从而达到最优化的使用目的。除此之外，用户和服务提供商还可以事先约定服务等级协议。

根据以上这些解释，可以总结云计算的五个特征：一是可以测量。把可以被监控的服务资源，报告给用户和服务提供者，可根据具体使用类型（如活动用户数量、存储和带宽的使用范围等）进行收费。二是可扩展性。用户可以根据实际需求，快速地请求和购买服务资源，扩大处理能力。三是可调配性。可以使用各种客户端软件和宽带网络电话，通过网络实现云计算资源的可调配性。四是可靠性。自动检测故障节点和冗余数据，为客户提供优质的服务，实现服务水平协议。五是服务资源池化。可根据用户的需求存储网络资源，通过虚拟化技术动态分配。

云计算通过整合各种互联的计算、存储、数据、应用程序和其他资源等，实现多级的虚拟化处理，将大规模的计算资源以可靠的形式有效提供给用户。作为一种全新的互联网应用模式，云计算正在成为人们获取服务和信息的主要途径。

2.2.2 云计算助力传统企业转型

从互联网角度来看，人数越多，提供给每个客户的成本就越向"0"无限接近，这意味着基本上可以提供一个免费的服务。利用云计算还能直接减少数据中心的能源消耗，实现绿色环保，所以越来越多的企业开始接受云计算。在工业信息化进程中，云计算越来越成为一个重要的产业基础。

云计算技术在信息化的建设和 ERP 的发展集中地反映了制造工艺。现在的商业发展模式已经不局限于单一行业的发展，而是形成一个平滑的连接上下游产业链的闭环式系统。例如，福特汽车公司的计算技术，通过云计算创新发展，从汽车制造到销售租赁再到售后服务，形成了一个贯通上下游所有环节的"数据圈"，实现了"车联网"。

IT 资源利用率低、资源分散，已成为工业化和信息化在发展过程中急需解决的问题。云计算技术能够有效地提高资源利用率，通过物理核心、逻辑分级等集中管理，减少重复投资。当企业的业务不断发展过程中，公共云资源能够被有效并全局性地精确化利用，既可以提升用户体验，又能降低整体成本。

由单一产业支撑的企业发展之路扩展到信息技术支持的阶段，打破了原有的技术界限，毋庸置疑，这是由于云计算技术的应用。在传统模式及技术条件下，建立一个工厂时，我们首先需要选择地址，然后建设筹备工厂的硬件设施，如机房、网络架构，再进行软件系统的安装调配。随着公司业务的不断扩大，如果想再建一个工厂，还要继续重复上述过程。而现在，有了云计算的应用，企业能够摆脱地域限制，通过资源管理和资源整合的方式来实现，该工厂能够被视为一个技术平台，利用云计算实现新工厂的“复制”。

通过建立数据中心，然后逐步建立分支机构及信息化平台和数据中心互联，云计算让企业更加迅速地复制原有成熟的业务模式，变成一个个可移动的虚拟站点。

由于云计算最大的特点是可以按需提供弹性资源，所以它可以使制造业的发展具备业务可拓展化、客户定制化、操作简单化、生态系统可连接化、经济效益提高化、速度适应化等先进特性。

通过云计算技术，有效地促进创新和企业转型，帮助优化基础设施的业务连续性，以满足新的业务需求。如果企业想和客户更近，就需要实现基于信息共享的交互模式。云计算可以帮助企业充分利用大数据分析，发掘新的客户，开发员工和合作伙伴的互动方式，让企业更快速、更经济、更有效地抓住更多机会。

根据国际数据公司（IDC）2012 年 8 月 6 日的统计，全球云计算的市场规模从 2008 年的 160 亿美元增加到 2012 年的 420 亿美元，占总投入比例也将由 4.2% 上升到 8.5%。云计算技术的出现让企业可以直接通过网络应用获取软件和计算能力，它不仅正在成为一种发展趋势，也将会给传统的产业带来一场巨大变革。

2.3　物联网的迅速兴起

IBM 的“智慧地球”战略已正式晋升为美国的国家战略，奥巴马政府希望通过网络技术，可以掀起像“信息高速公路”战略一样的科技和经济浪潮。

物联网并不是指一个特定的网络或技术，而是一种使用网络连接一切的概念或技术思想。物联网可以被定义为利用“泛在网络”实现“无所不在的服务”，就是利用已经无处不在的信息网络技术，满足无所不在的智能服务的需求。

“物联网”被称为世界信息产业的第三次浪潮，它不仅代表了信息科学理论及技术的显著发展，也被世界各国当作应对国际金融危机、振兴经济的重大发展机遇。

物联网环境的构建方式，就是将智能化的感知与控制终端通过互联网嵌入和装备到农林牧渔、交通物流、健康医护、节能环保、家居安防、矿山能源、工业制造、城市服务等各行各业的环境和事物中，在一个统一的网络信息服务平台上通过网络为无处不在的应用需求提供智慧化服务，实现互联网基础上多余资源和信息服务的协同与共享。

2.3.1 物联网的概念

早在 20 世纪 90 年代末，麻省理工学院与物品编码组织就已共同提出"物联网"的概念。虽然早期的物联网指的是依托无线射频识别（RFID, Radio Frequency Identification Devices）的物流网络，但是，随着技术和应用的发展，物联网的内涵已经发生了巨大改变。

"物联网"有时被翻译为 Internet of Things（IOT），有时也被称作 Internet of Objects（IOO），其发展的高级阶段是万物互联 Internet of Everything（IOE）。

MIT 提到过物联网的愿景就是：创造一个计算机无须人的帮助就能去识别的全球环境。目前，人们普遍认为物联网是指网络与日常物品的互联，通常指那些无处不在的智慧设备。

随着互联网的迅速发展，物联网将会形成一个巨大市场。广大宽带家庭会购买至少一种智能家庭设备，如智能门锁、智能室内温度调节器、智能电灯等。

物联网也是德国"工业 4.0"发展中至关重要的技术，它的智慧服务包括工业制造和信息消费的智慧化服务。物联网未来发展的重点将是建设满足智能生产制造的"智慧工厂"和满足智能用户消费的"智慧商店"。目前，基于物联网智能时代的农业还是要生产粮食，工业还是要生产服装、钢铁和水泥等，但是主要的生产资料和劳动方式已经与传统的农业和工业时代大不相同。

那么，什么是"智能产品"？大概可以简述为一种物理的、以信息为基础的零售商品。智能产品的特点：具有独特的身份，能够有效地同周边环境交流，能够保留和存储自己的数据，具有能描述产品的特点，能持续地参与或决定与产品命运相关的行为（缪慧茹、侯攀峰、马辛玮，2011）。

2.3.2　物联网的应用

根据 eMarketer 的新数据，到 2016 年全球智能手机用户数量将超过 20 亿，智能手机正是眼下物联网技术发展的核心产品。最前沿的技术和最具创新的商业模式往往并驾齐驱、共同演进。三星公司就曾表示他们未来销售的每一种产品都将会是物联网产品，因为物联网市场时代的到来是技术发展的必然结果。

要适应新时代的要求，中国制造业需要做好加、减、乘、除法。具体而言，"加法"就是在原来基础上融入智能化，即智能制造，以及网络化，即生产型服务平台的要素；"减法"，是淘汰落后产能，并将某些生产环节剥离外包出去，形成生产型服务业；"乘法"，指的是由独占经济升级为分享经济，分享数据平台和精准制造能力，让它以一当十；"除法"，就是节能降耗，改善投入产出比例，压缩单位产出的投入强度。最终目的是扩张生产型服务业，精化"智造业"，完成社会经济转型（周佳军、姚锡凡，2015）。

未来，随着智能制造和各类生产服务平台的发展，大型生产企业将越来越少，小型、微型产业群会越来越多。工业的集中生产、垄断经营特色将被极大削弱，工业劳动者比例也将大幅降低，更多的劳动者将走向新型服务业，社会生产将呈现"分布关联化"的特征。

2.3.3　物联网之 MQTT 技术

2011 年，IBM 在德国路德维希堡宣布将与意大利的硬件架构公司 Eurotech 一起将异步设备互通协议草案捐献给 Eclipse Foundation。

这份协议中提到消息队列遥测传输（MQTT, Message Queuing Telemetry Transport），正如 HTTP 为人们通过万维网分享信息铺平了道路一样，MQTT 相当于物联网的 HTTP。MQTT 能够将嵌入式数据采集遥测设备连接到网络，成为物联网的标准协议。

物联网应用已经超乎人们的想象，网络规模会是当前数据爆炸时代规模的平方级。预计到 2020 年左右，会有 240 亿台物联网同步设备，包括海运集装箱上的 RFID 标签、心率监视器、GPS 设备、智能手机固件、汽车维护系统等。到时候眼镜、耳环、手链、项链等随身物品都有可能成为物联网的智能同步设备，数百亿的设备每小时能产生数十亿条消息，远远高于现在的信息量。与此同时，国际 GSM 协会（GSMA）也预测物联网市场能够给 IT 供应商带来超过 14 万亿美元的销售额。

作为一种发布或订阅消息的协议，MQTT 技术特别适合应用于有限的计算能力和精益的网络连接。对于医院来说，它们可以使用 MQTT 与起搏器、核磁共振仪等诸多医疗设备供应商联系。对于石油和天然气公司来说，他们可以使用 MQTT 来监测数千英里以外的石油管道。对于公共交通系统来说，可以让街道自身发布交通路况，交通信号能够相互通信、实时安排交通信息，同时，包括交通信号在内的所有交通设施，都能将信息发送至马路上的汽车和驾驶员。通过与 Web 达成交互协议，人们还可以在微信、微博、Facebook、Twitter 等社交平台上检查当地主要供水管道的情况，以及自家的水、煤气等情况。

MQTT 可以很好地适应各种复杂的网络，特别是受限网络。例如，发布和订阅的消息，哪怕一条消息只发布一次，也可以被多个消费端、应用程序、设备等接收，实现系统间的简化开发和信息共享。MQTT 还可以提供灵活便捷的系统整合能力，快速部署高效运行的应用设备，以提供强大的性能。MQTT 不仅可以提高系统的可靠性，还能满足消息服务的个性化需求，用以满足不同场景的需求。

我们正在走向"物联网"时代，但想要完全实现"万物互联"的新世界，或许还需要一段漫长的路要走。但是，毫无疑问的是，"物联网"时代的来临，会使各行各业，以及人们的日常生活发生天翻地覆的变化。无论物联网如今的发展速度如何，未来 MQTT 的应用一定会越来越广。

总之，大数据、云计算和物联网等信息技术支撑着人类社会进入新工业文明时代。

第3章　政府介入助推新工业文明

2008 年，国际金融危机后，欧美等发达国家和地区开始重新重视实体经济的发展，特别是制造业实施"再工业化"战略，以巩固其在技术和行业方面的领导地位。无论是德国、美国，还是日本、中国，政府纷纷出台相关政策，旨在积极抢占未来制造业的制高点，其中以美国的"工业互联网"和德国的"工业 4.0"最为典型。

作为全球第一制造大国的中国，看似占据着制造业的主战场，但其实，核心技术和战略顶层设计的战争是在以美国为代表的"工业互联网"和以德国为代表的"工业 4.0"之间展开的。同德国相同，美国将重振制造业作为近几年最优先发展的战略目标，并区别于德国的"硬"制造，着重发展软件和互联网等"软"服务。"工业互联网"与"工业 4.0"的相继提出，引起了全球制造业的产品开发、生产模式和制造价值实现方式的转变。

全球制造业格局正处在深度变化中，新一轮科技的产业变革与中国转变经济发展方式形成历史性交汇。中国也充分把握了"工业互联网"与"工业 4.0"给全球制造业带来的挑战与机遇。2015 年 5 月 8 日，国务院公布了李克强总理签批的工业发展蓝图性质的"中国制造 2025"战略，作为中国实现从工业大国迈向工业强国的第一个十年行动纲领。"中国制造 2025"作为中国制造业未来十年的顶层规划，其基本思路是借助两个 IT 的结合，改变中国制造业现状，致力于让中国到 2025 年跻身现代工业强国之列。

在政策和战略方针的指导下，在互联网思维和新制造思维的设想里，新生产方式层出不穷，科技发展日新月异，这一切都预示着新工业文明时代即将到来。

3.1　美国"工业互联网"

在重塑未来制造业话语权的竞赛中，美国人和德国人站在了一个比拼的起跑线上。在德国"工业 4.0"风声鹊起的时候，美国也试图通过对传统工业进行物联网式的互联互通，对大数据的智能分析和智能管理，重新立于新工业世界的翘楚地位。德国人所凭借的是他们强大的机械工业的制造基础，嵌入式以及控制设备的先进技术和能力，他们希望在其定义的虚拟和物理世界相融合的工业革命中重新引领全球制造业的潮流。不同于德国，美国拥有的是传统高端制造业的强大优势，以及互联网产业的绝对话语权和垄断地位。

在美国，"工业4.0"的概念被"工业互联网"所取代。与"工业4.0"的基本理念相似，工业互联网同样倡导将人、数据和机器连接起来，形成开放、全球化的工业网络，但其内涵已经超越了制造过程以及制造业本身，扩展到产品生命周期的整个价值链，涵盖航空、能源、交通、医疗等多个工业领域。

工业互联网被解释为全球工业系统与高级计算、分析、感应技术以及互联网连接融合的结果。通过智能机器间的连接最终实现人机连接，结合软件和大数据分析，重构全球工业、激发生产力，让世界变得更美好、更快速、更安全、更清洁、更经济。实际上，简单来说，工业互联网更像是高级或者超级物联网，是将互联网技术融入工业领域中更大的机器设备，利用软件分析技术充分释放机器的潜能，从而更好地提高生产效率。所以，互联网和软件分析技术至关重要。

3.1.1　工业互联网的发展历程

早在2010年，美国总统奥巴马（Obama）在签署《美国制造业促进法案》时，就提出了"再工业化"（即"制造业回归"）战略。然而这并非简单的回归，而是运用飞速发展的人工智能、机器人和数字制造为美国重新构建制造业的竞争优势，这些技术不仅能让制造业更具创造力、更加本地化和个性化，还能大幅降低成本。

2012年3月，奥巴马首次提出建设"国家制造业创新网络"（NNMI, National Network of Manufacturing Innovation），即通过建立研究中心的方式，加强高等院校和制造企业之间产学研的有机结合。之后，美国总统执行办公室、国家科学技术委员会和高端制造业国家项目办公室，在2013年1月联合发布《国家制造业创新网络初步设计》，规划投资10亿美元组建制造业创新网络，打造一批具有先进制造能力的创新集群。在此过程中，除了美国政府的政策扶持外，行业联盟的率先组建也是推动工业互联网革命的重要推手。

关于工业互联网这一概念出现的时间，有三种不同说法：即2011年、

2012 年和 2013 年。2011 年美国 GE（通用电器公司）总裁伊梅尔特提出了"工业互联网"的概念；2012 年，美国发布了工业互联网战略；2013 年 6 月，GE 第一次将工业互联网概念推向中国。也许有人还记得，当时伊梅尔特身后有一个通体发着蓝光的飞机发动机模型，机身上隐约闪现着人脑的图像，这意味着智能机器将在未来产生重要影响。

"工业互联网"的概念最早是由 GE 公司提出，随后为了将商业生态的价值最大化，美国 5 家行业龙头企业联手组建了工业互联网联盟（IIC，Industrial Internet Consortium），并大力推广这一概念。除了 GE 这样的制造业巨头，加入该联盟的还有 4 家 IT 企业，分别是 IBM、思科、英特尔（Intel）和美国电话电报公司（AT&T）。

GE 认为，工业互联网的价值体现在三个方面：一是提高能源的使用效率；二是提高工业系统与设备的维修维护效率；三是优化并简化运营以提高运营效率。与"工业 4.0"相比，美国提出的工业互联网更加注重软件、网络、大数据等对工业领域服务方面的颠覆。这与德国强调的"硬"制造不同，因为"软"服务恰恰是软件和互联网经济发达的美国最为擅长的。

在 2012 年 11 月发布的《工业互联网——打破智慧与机器的边界》报告中，GE 预测，如果工业互联网能够使生产率每年提高 1%～1.5%，未来 20 年，它将使美国人的平均收入比当前水平提高 25%～40%；如果世界其他地区能确保实现美国生产率增长的一半，那么工业互联网在此期间将使全球 GDP 增加 10 万亿～15 万亿美元，相当于创造了一个美国经济体。

3.1.2　工业互联网对制造业带来的变革

无论是德国的"工业 4.0"还是美国的"工业互联网"，都从一个侧面说明欧美国家在先进制造业的发展方面可谓是不遗余力。他们的核心目标是要巩固各自在全球的领先地位，都强调信息通信技术（ICT，Information Communication Technology）和制造业的融合，强调"标准"和"人"的作用，甚至在构建产业联盟等做法上也颇为相似。德国基于其极为出色的装备制造业基础和发达的信息化基础，重视发展智能装备和智能生产过程；美国则是依赖其在信息通信技术方面无与伦比的实力和创新力，希望借助网络和数据的力量提升整个工业的价值创造能力。两者比较，德国的"工业 4.0"偏中观和微观，而美国的"工业互联网"则更为宏观。

互联网产业的概念体现了新的信息技术和制造业的深度，这将彻底改变制造产业链、价值链和产业格局，从而对全球制造业的变化产生深远影响。

首先，制造业从物理空间转移到虚拟的数字空间。利用大数据、云计算和设计软件技术，以生命周期为导向，丰富的设计技术和数字仿真技术、智能设计系统、计算机网络、数据库等技术的支持，可以在一个虚拟的数字环境中，优化全数字化的产品设计、结构、性能，大大提高产品设计质量和研发的成功率，缩短产品的上市时间，降低产品开发成本，提高市场竞争力。虚拟产品开发模式将缩短创新的制造周期，为客户的多样化需求提供有力支持。

其次，大批量、标准化生产，以市场为导向的生产转向大规模、定制化的生产。智能制造工厂的未来建立在物理融合的网络实体制度的基础上，生产设备实现数字化、网络化、智能化，计算机辅助规划和生产工艺的优化可以大大提高生产系统的功能、性能和自动化程度。生产系统的柔性制造系统、数字智能车间、数字化智能工厂，以及智能制造系统的方向，使资源和能源消耗的优化成为可能；同时，采用工业控制系统的连接和机器人代替大多数人的劳动，可以节省人力成本，提高生产效率和质量。智能化的生产模式将有效满足个人需要，给客户提供优质的定制产品，使大规模个性化、定制化生产成为可能。

最后，它提供了整体的解决方案。集成和制造新一代信息技术，使企业实现了产品生命周期内所有方面的业务，包括合作规划和决策的所有元素的优化管理，提高企业的市场反应速度，并为客户提供最优的整体解决方案。新的信息技术、互联网、大数据的发展使客户与企业之间的沟通变得更加高效，企业可以更全面、更及时地了解客户需要的产品功能、款式、包装等，完成智能化地产品制造。同时，实现自我测试、自我服务功能，降低产品运营成本和维护成本，为客户提供最优的解决方案，从而实现从以产品为中心向以客户为中心，从生产型企业转变为服务型企业。

3.2 德国"工业4.0"

"工业4.0"（Industry 4.0）是德国政府确定的十大未来发展项目之一，旨在支持工业领域新一代革命性技术的研发与创新。"工业4.0"战略在2013年4月的汉诺威工业博览会上正式推出，旨在提高德国工业的竞争力，在新一轮工业革命中占领先机。该战略也得到德国科研机构和产业界的广泛认同，弗劳恩霍夫协会将其下属的几个生产领域的研究引入"工业4.0"概念，西门子公司也将这一概念引入到工业软件开发和生产控制系统。

什么是"工业 4.0", 第一, 高度灵活又高效能的生产, 做到价值创造流程的按需优化和实时优化。第二, 意味着环境友好的发展模式。第三, 就是社会形态的改变, 企业职能从中央控制系统变成自组织平台, 企业员工会更加朝着自我组织、自我约束来发展。如果从微观视角来看"工业 4.0", 具体到一家企业, 变化会在哪里? 第一个维度, 横向的一体化要做得更好, 内部流程的打通和数字化, 这意味着我们要不断改进现在所做的工作, 例如, 软件、解决方案、3D 打印的生产方式。第二个维度, 改进纵向一体化, 上下游的供应商合作伙伴怎么打通, 必须要实现横向、纵向一体化的无缝对接。第三个维度就是全生命周期的产品管理, 从工程设计到产品生产和售后服务的生命周期, 都必须统一管理。

3.2.1 "工业 4.0" 的由来

2009～2012 年, 当欧洲经济遭受金融危机的波及而风雨飘摇时, 德国经济的发展仍然一枝独秀, 这正是得益于德国制造业所特有的国际竞争力。对于德国而言, 制造业是传统经济增长的动力。

"工业 4.0" 这个概念最早出现在 2011 年, 其初衷是通过应用物联网等新技术提高德国制造业的水平。德国联邦教研部与联邦经济技术部在 2013 年将"工业 4.0" 项目纳入德国政府的《高技术战略 2020》中, 计划投入 2 亿欧元资金, 支持工业领域新一代革命性技术的研发和创新, 保证德国制造业的未来, 继续保持德国的国际竞争力。

"工业 4.0" 的目标是建立一个高度灵活、个性化、数字化的产品与服务的生产模式, 包括由集中式控制向分散式增强型控制的基本模式转变。传统的行业界限在此模式下会消失, 并会产生各种新的活动领域和合作形式, 产业链的分工也将被重组。

"工业 4.0" 的重点是建立智能产品和生产流程。在未来, 所有的工厂都会是一个"智能工厂", 利用物联信息系统 (CPS, Cyber-Physical System) 将生产中的供应、制造、销售信息数据化、智慧化, 最后实现快速、有效、个人化的产品供应。

物理信息系统 (CPS, Cyber-Physical System) 是美国国家科学基金会在协同系统和物理组件的基础上定义的, 将生产中的供应、制造、销售等环节的信息数据化、智慧化, 利用信息通信技术和网络空间虚拟系统相结合的手段, 将控制理论扩展到网络设备中, 连接人类、机器和产品, 推动制造业向智能化转型。

3.2.2 "工业4.0"的基本要素

德国提出"工业4.0"概念时，依赖的是德国企业的传统优势。在传统的制造业领域，尤其是在机械设备制造以及嵌入式控制系统制造方面，德国拥有全球领先者的地位。"工业4.0"的战略可以概括为一个网络、两大主题和三项集成。

首先，"一个网络"指的是信息物理系统。两大主题体现在"智能工厂"和"智能生产"两个方面，前者重点研究智能化生产系统，以及网络化分布式生产设施的实现；后者主要涉及整个企业的生产物流管理、人机互动以及3D技术在工业生产过程中的应用等。

德国制定了一项双重策略，力求实现将工业生产转变到"工业4.0"。不仅把"信息和通信科技"和"自身的传统高科技策略"进行整合，努力成为智能制造设备的主要供应商，谋求自身在全球市场的领导地位，同时还要创造并服务于CPS的科技和产品。因此，"工业4.0"项目还包括三项集成：一是横向集成，通过价值网络实现横向集成；二是纵向集成，实现制造系统的纵向集成（垂直集成）和网络化；三是端与端的集成，贯穿整个价值链的端到端工程数字化的立体集成。

具体而言，"工业4.0"的实施体现在五个方面：一是从互联开始。在生产设备间、设备和产品之间、虚拟和现实间，以及万物之间的互联。二是高度集成化。传感器、嵌入式终端系统、智能控制系统、通信设施通过信息物理系统形成一个智能网络，实现横向、纵向、端对端的高度集成。三是数据是核心。企业数据分析对包括产品数据、运营数据、价值链数据、外部数据和对实时数据的精准分析。四是不断创新。"工业4.0"的实施过程就是制造业创新发展的过程，从技术、产品、模式到业态、组织等方面的创新将会层出不穷。五是生产方式的变革。在"工业4.0"时代，物联网和（服）务联网渗透到工业生产的各个环节，形成高度灵活、个性化、智能化的生产模式，推动生产方式向大规模定制、服务型制造以及创新驱动的方向转变。

毋庸置疑，实现"工业4.0"的前提条件是工厂标准化。所谓"标准化"，是指为了实现整个工作过程的协调运作，提高工作效率等目标，而对作业的质量、数量、时间、程序、方法等制定统一规定，作出统一标准。德国提出"工业4.0"，意味着在"工业4.0"时代，标准化的作用变得尤为重要，似乎也成了看不见硝烟的第四次工业革命成败的关键。

标准化也是智能工厂有序运作的必要条件，即便一个螺丝钉有丝毫不符合智能化标准需求，也是很难用自动化设备进行装配的。因此在实现智能工厂的全自动生产及物流之前，标准必须先行。然而在德国"工业4.0"战略中，仅仅只是建立产品的标准化还远远不够，德国的野心在于向全世界推广工厂的标准化，即借助智能工厂的标准化，将制造业生产模式推广到国际市场，以标准化提高技术创新和模式创新的市场化效率，从而继续保持德国工业的世界领先地位。

因此，"工业4.0"是围绕智能工厂生态链上的各个环节制定合作机制，通过一系列标准，如成本、可用性和资源消耗等，对生产流程进行优化。

3.2.3　"工业4.0"的战略目标

有人说："德国之所以将'工业4.0'上升到国家战略的高度，并由总理默克尔不遗余力地亲自推动，其背后的用意就在于对抗美国提出的工业互联网。"实际上，在互联网领域，德国和美国相比确实有一定差距。德国在软件与互联网技术领域的实力与美国相比相对较弱，CPU、操作系统、软件以及云计算等科技技术目前几乎全部都由美国掌握和霸权。

为了保持全球领先的装备制造供应商的地位，并持续发挥在嵌入式系统领域的优势，同时又能应对新一轮技术革命的挑战，德国"工业4.0"战略顺势而生。它详尽地描绘了信息物理系统的概念，并大力推动物联网和服务联网系统技术在制造业领域的应用。根据"工业4.0"的设想，德国将运用信息物理系统升级工厂中的生产设备，使它们智能化，从而将工厂变为具备自律分散系统（ADS，Autonomous Decentralized System）的智能工厂。到那时，云计算不过是制造业中的一个使用工具，而不会成为掌握生产制造的中枢神经。

近几年谷歌公司开始进军机器人领域，亚马逊进入手机终端业务，运用无人驾驶飞机配送商品，美国的互联网巨头们正在加速向信息领域渗透。如果对这一趋势不加以抵制，其对德国制造业产生巨大的破坏性影响。

德国"工业4.0"的最终目标在于：通过制定一系列的共同标准使合作机制成为可能，并通过一系列标准对生产流程进行优化。这些共同标准一旦确立，德国将向全球输出工厂的标准化，而非我们惯常听到的产品的标准化，将制造业生产模式推广到国际市场，以标准化提高技术创新和模式创新的市场化效率，从而继续保持德国工业的世界领先地位。

这种设想下的制作方式将更加灵活，从事作业的机器人或工作站能够通过网络实时访问所有相关信息，并根据信息内容自主切换生产方式、更换生产材料，从而调整为最佳匹配模式的生产作业。它能够实现为不同客户或产品进行不同的设计、零部件构成、产品订单、生产计划、制造、物流配件，并能杜绝整个价值链中的浪费。与传统生产方式不同，新的生产方式在生产之前或者生产过程中，能够随时变更最初的设计方案。

2014年初，一项针对德国"工业4.0"战略的调查显示：47%的德国公司已经积极参与到"工业4.0"战略的实施中，18%的公司正参与德国"工业4.0"战略的研究工作，而12%的公司声称他们早已经把该战略付诸实践。当80%的德国公司都在积极迎接"工业4.0"时代的时候，整个国家的产业形态将会随之改变。值得一提的是，在公司发展进程中，德国政府在财政上给予的大力支持再次充分显示出了"工业4.0"的国家战略高度。

"工业4.0"将彻底改变设计、制造、运营以及产品服务和生产系统。零件、机器和人之间的互连互动将使制造速度提高30%，制造效率提升25%，此外大规模定制水平也将提升到一个新的高度。

3.3 "中国制造 2025"

美国提出工业互联网，德国提出"工业4.0"，中国也提出了"两化"深度融合，这三个概念提出时间相近、本质指向相同、战略层次相似、动力来源相同。

党的十七大提出"大力推进信息化与工业化融合"，党的十八大又进一步提出"两化"深度融合是中国走向新型工业化道路的重要途径和必然选择。"两化"深度融合是"两化"融合的继续和发展，是在"两化"融合的基础上使信息化与工业化融合在一些关键领域不断深化、提升和创新，是指信息化与工业化在更大范围、更细的行业、更广的领域、更深的层次和更多的智能方面实现彼此更紧密的关联、交融与合作。

2013年9月，中国工信部发布《信息化和工业化深度融合专项行动计划（2013～2018年）》。"两化"深度融合在范围上由国家、省区向地市、区县、产业集群、园区等基础单位延伸；在行业上，将由大类行业向各自细分行业扩展，并从工业扩展到生产性服务业；在领域上，将由单个企业信息化向产业链信息化延伸，从管理领域向研发设计、生产制造、节能减排、安全生产领域延伸；在层次上，将由技术应用层面向商业模式和商业变革深入；在应用上，互联网、物联网、云计算、大数据等新一代信息技术将在工业各产业、行业领域、企业得到应用，使企业信息化由专项应用向局部集成应用，以至全面集成应用发展；在智能上，企业生产经营的每个环节的智能水平都将会更高。

"两化"深度融合的推进和发展，有利于当代中国经济发展方式的转变，有利于产业结构优化升级，有利于新型工业化的推进和实现，有利于工业经济发展质量和效益的提升，有利于中国工业国际竞争力的提升，实现中国工业经济的可持续发展。

全球工业革命方兴未艾，中国对于工业和信息产业的发展构想不再恪守以往"每五年一次"的短期规划，而是更加注重中长期规划，将规划的年限扩展至十年。这份被称为中国版"工业 4.0"战略的"中国制造 2025"，由中国工程院主持编制，其中提到的中国的"信息化与工业化深度融合"与"工业 4.0"的概念异曲同工，其核心思想都是充分应用信息技术改造传统产业，实现转型升级。

"中国制造 2025"是中国由制造大国向制造强国转型过程中的顶层设计和路径选择，是动员全社会力量建设制造强国的总体战略，也是推进"两化"深度融合的具体规划。"向工业强国转型"是这项规划的目标，而重点行业、领域和区域规划的"1 + X"模式是这项规划的关键词。这份规划借鉴德国"工业 4.0"战略，围绕中国工业有待加强的领域进行。它包含两重含义：一是通过工业的发展使中国更加繁荣强大；二是促进中国由制造大国向制造强国转变。

3.3.1　"中国制造 2025"的特征

在国际政治格局不发生重大变化的前提下，综合考虑工业发达国家在其工业化进程各阶段综合指数的增长率，以及中国的 GDP 增长率，可将中国迈向工业强国的进程分为三个阶段：2025 年，中国制造业可迈入世界第二方阵及工业强国的行列；2035 年，中国制造业将位居第二方阵的前列；到 2045 年，中国制造业有望进入第一方阵并成为全球首屈一指的工业强国。

在现阶段，首先要完成工业强国进程的第一阶段，即"中国制造 2025"的最终目标——基本实现工业化，打造中国制造升级版。将最终目标进一步扩展解释，那就是：制造业增加值位居世界第一，主要行业产品质量水平达到或接近国际先进水平，形成一批具有自主知识产权的国际支持品牌。另外，一批优势产业率先实现突破，实现又大又强，以及部分战略产业掌握核心技术，接近国际先进水平。

作为中国建设制造强国的总体战略，"中国制造2025"集中体现为一条主线、四大转变和八大对策。一条主线是指，以体现信息技术与制造技术深度融合的数字化、网络化、智能化制造为主线。四大转变包括：由要素驱动向创新驱动转变；成本竞争优势向质量效益竞争优势转变；由资源消耗大污染物排放多的粗放制造向绿色制造转变；由生产型制造向服务型制造转变。八大对策是指：一是推进数字化、网络化、智能化制造，高度重视发展数控系统、伺服电机、传感器测量仪表等关键部件和高档数控机床、工业机器人等；二是提高产品设计能力；三是完善制造业技术创新体系；四是强化制造基础；五是提高产品质量，建立严格的质监体系及征信体系；六是推行绿色创造；七是培养具有全球竞争力的企业群体和优势产业；八是发展现代制造服务业，实现产业形态从生产型制造业向全生命周期的服务型制造业的转变。

从目前国内工业互联网的部署看，大体可以分为三类。按照工信部副部长陈肇雄在2017年中国"两化"融合大会上表示，工业互联网平台形成了以航天云网为代表的协同制造平台、以树根互联为代表的产品全生命周期管理服务平台和以海尔为代表的用户定制化平台等三类典型平台。而这正对应了国际上重点发展的三种不同模式的工业互联网平台：一是资产优化平台，这类平台服务重在设备资产的管理与运营，为生产与决策提供智能化服务，如GE的Predix。二是资源配置平台，这类平台聚焦要素资源的组织与调度，包括按需定制（C2B）平台、软硬件资源分享平台、协同制造平台等细分类型，如西门子的MindSphere。三是通用性平台，这类平台提供云计算、物联网、大数据的基础性、通用性服务，如微软的Azure、SAP的HANA等。

3.3.2 "中国制造2025"对制造业的影响

制造强国应具备四大特征：雄厚的产业规模、优化的产业结构、良好的质量效益以及持续的发展能力。

随着土地、劳动力、原材料、燃料和动力等成本上升因素的迅速发展，中国传统的比较优势逐渐减弱。大多数制造企业都在与"互联网＋"组合，亟待转型为"生产＋服务"的模式，希望创造高附加值的产品和服务，同时也希望扩大用户的覆盖面，从而增加用户黏性和忠诚度。

　　"中国制造 2025"战略正在推动中国制造实现由大到强的历史性跨越，通过互联网与产业的深度融合，抢占制造业的未来机遇，在新一轮工业革命中占领一席之地。"互联网＋产业"推动中国制造业进一步"智能"升级，赋予了产业竞争的新内涵。"互联网＋产业"除了信息技术和快速传播外，也将实现制造业无国界的上下游合作和价值链共享的全民化。

　　"中国制造 2025"对制造业的影响体现在，加快推进制造业的信息化与工业化的深度融合，鼓励制造业以强化智能制造为基础，坚持创新驱动发展，重视高技能人才的培养，加强制造业之间的国际合作。

　　其实，无论是"中国制造 2025"、"工业互联网"还是"工业 4.0"，描绘的宏伟目标看似与中国传统企业都还有一定的距离，但只要企业有共同建设制造强国的决心和敢于直面激烈市场竞争的勇气，增加一点改造世界的理想和为民众谋福利的社会责任感，强化互联网思维、资本思维等先进思维方式，并根据自身实际情况，从企业生产、管理、物流、渠道、服务等各个方面扎实推进智能化提升，那么中国工业就踏向了通往制造强国的快车道。

　　总体而言，美国"工业互联网"、德国"工业 4.0"和"中国制造 2025"从政府的层面助推人类社会进入新工业文明时代。

第4章　互联网经济发展催生新工业文明

　　一个国家综合实力的提高，包括科技、人文、经济等方面的全面发展。同样，要开启一个崭新的时代，除了思维方式的转变、技术的创新以及政策的大力扶持，也要有雄厚经济实力的保障。发展宏观经济的核心有三大基石，一是自由竞争，二是信息完备，三是价格弹性。因为互联网的基因是"去中心化"（扁平化）、信息高效传播（信息对称、完备、及时）、价格公开透明，互联网经济正好与宏观经济的三大基石相匹配。

　　互联网经济是基于互联网而产生的经济活动的总和，是一种以现代信息技术为核心的新的经济形态。现阶段的网络经济，囊括了经济活动的许多方面，主要有电子商务、网上银行、即时通信、搜索引擎和网络游戏等五种类型。

　　互联网经济作为一种新的经济现象，产生在信息网络化时代。它是在互联网经济时代背景下，生产、交换、分配、消费等一系列经济活动，以及政府部门和金融机构等主体的经济行为。它对信息网络的依赖程度越来越高，许多经济交易活动是在信息网络上直接进行，不仅可以得到基于大量经济主体的网络信息数据，还可以利用网络信息数据来进行经济活动的预测和决策。

　　互联网经济是在新一轮科技革命、产业变革与全球经济转型的背景下诞生的，具有虚拟化、动态化、多元化、即时化、多样化和高度市场化等特征，对传统经济中的劳动力、资本、土地、技术等一系列生产要素要求不高。互联网经济不仅可以通过庞大的网络信息体系集聚智力资源，促进大众创业、万众创新，还能使公共服务水平得到有效提升，已成为中国经济社会发展和"民生工程"的结合点，是中国深化经济体制改革、实现国民经济可持续发展的新动力。本章重点阐述比特经济和互联网经济在新工业文明中的作用。

4.1　"比特经济"数字化驱动新工业文明

"比特经济"是比特数字经济的缩写,其中的"比特"作为计算机专业术语是信息量单位,是由英文 BIT 音译而来。比特经济的"数字化"是驱动新工业文明发展的引擎和助推器。

工业革命和信息革命对世界带来的作用是不一样的,工业革命以蒸汽机和电网为动力,改变的是原子结构和它的运动方式,信息革命以计算机和互联网为基础,改变的是比特结构,且创造了崭新的信息空间。

随着互联网经济时代的出现和发展,免费有了新的意义。它不是作家克里斯·安德森说的原始意义上的一种左口袋出、右口袋进的营销策略,而是一种把货物和服务的成本压低到零的新型卓越能力。新的免费商业模式是一种建立在电脑字节基础上的经济概念——"比特经济",而非过去建立在物理原子基础上的经济概念。具体而言,一个产品一旦由数字字节组成,那么它的成本和价格会不可避免地趋于零,这种趋势正在催生一个巨量的基本定价是零的新经济。

比特经济是由当时的互联网经济时代发展而来,背后无疑蕴藏着比特的相关逻辑。比特经济时代已经到来,它是对传统经济的原子重构,冲破了传统的束缚。

互联网改变了传统产业,尤其改变了传统商业模式,深刻影响着我们的社会生活,技术变革是第一批成果。或许以十年二十年为阶段,我们的社会生活已经进入第三阶段,也就是从技术到商业,以及到技术加商业的第三阶段,这种组合式生态系统已经改变了我们生活和娱乐的场景。

追根溯源,互联网的商业化从 1997 年开始,主要分为四个阶段:第一阶段是互联网门户时代,这一时期搜狐、新浪等公司模仿雅虎的商业模式;第二阶段是搜索引擎普及时代,以百度的出现为标志;第三阶段,电信供应商时代。通过这三个阶段,大量的互联网用户和消费者群体的聚合网络,互联网开始渗透各行各业,进入第四阶段,这是所谓的 O2O 时代。

根据麦肯锡全球研究院 2015 年的一份报告显示:未来十几年中,互联网能促进中国 GDP 提高 4 万亿 ~ 14 万亿元,占据 2014 ~ 2025 年 GDP 增长总量的 7% ~ 22%。由此证明:"比特经济"在与"原子经济"的竞争中,将会越来越稳固地占据优势地位。

　　毋庸置疑，比特经济改变了很多事物的面貌，这可能也是 21 世纪最重要的特点：比特改变了世界。原子时代和比特时代相比，最大的不同在于市场结构的易变性。其主要原因在于：原子时代，产品对稀缺资源的依赖性很大，资源的稀缺性和专用性造成了产业的生命周期比较长，某一行业的垄断市场结构一旦形成，在相当长一个时期内很难改变；而在比特时代，由于技术创新速度不断加快，产业生命周期持续缩短，因而竞争愈加激烈，市场优势只是一种暂时的以知识创新和技术创新为基础的垄断，但竞争却是永恒的，它与垄断交互出现，共生共存，产业或行业的市场结构不再是静止不变的，而是动态的。

　　由于比特经济围绕的研究对象是比特产品，内容为比特产品的生产、消费、交换等一系列规律。它与目前流行的信息经济、网络经济等既相似又不同。

　　与比特经济相比，信息经济有些分支与比特经济非常接近，但是信息经济属于宏观范畴。信息经济活动中的信息因素更多强调信息对经济活动的作用，它从信息消除不确定性的角度来研究，不属于比特产品的范畴，故也不是比特经济研究的内容。

　　与互联网经济相比，比特经济属于微观层面，重点是对商品环境下非实物形态的经济规律的研究。比特产品的生产、传输、交换和消费过程等都离不开网络，互联网经济研究的网络市场是比特产品发生经济活动时的场所。网络产品和比特产品具有相同的存在形态，都是在网络中以比特流的形式被生产、传输、交换和消费。但是，互联网经济并没有给它的产品以明确的定义。互联网经济中有关网络市场的特性以及网络产品的研究可以作为比特经济的研究借鉴。

4.2　互联网经济创新性引导新工业文明

　　互联网经济发展带来了很多不同于传统经济发展的特征，其中很多属于颠覆性创新，这种创新在不断引导着人类走向新工业文明。

　　互联网经济是基于互联网所产生的经济活动的总和，目前主要包括电子商务、互联网金融、即时通信、搜索引擎和网络游戏等五大类型。互联网经济代表了未来经济发展的趋势，它为现实经济增长构筑起一个全新的技术平台，提供了一种将信息资源转化为经济收益的高效工具，营造了一种全球化的经营环境。人们利用先进的计算机技术，进行计算机自动控制、计算机辅助设计、计算机辅助制造和计算机集成制造等，实现生产的自动化，从而大大提高生产效率，并使个性化的小批量生产的边际成本最小化。人们利用发达的计算机网络，实现信息的快速传递和资源共享，从而充分利用各种信息资源为经营决策服务，并大大加快高新技术向现实生产力转化的速度，把信息资源转化为现实的经济资源。人们通过由计算机网络联成一体的全球化市场，可以实施真正的全球化经营战略，优化全球范围的资源配置，提高整个人类社会的经济资源利用效率，促进整个世界经济的增长。

近年来，互联网经济在各国获得蓬勃发展，以电子商务为例，目前欧洲是电子商务最活跃的地区，北美是除了欧盟之外的第二大电子商务市场，亚洲是电子商务增长最快的地区，而中国是电子商务增长最快的国家。中国互联网经济获得蓬勃发展，主要有以下四个方面的原因：

首先，互联网经济是建立创新型国家的突破口。根据国外发展经验来看，往往是基于新一轮产业变革的大背景下，各国实现创新驱动发展成功转型。新常态下，加快实施创新驱动发展战略对于中国经济转型升级至关重要，国家主席习近平强调"互联网是创新驱动发展的先导力量"。互联网经济依托于互联网平台，但又不局限于互联网平台。随着工业互联网、能源互联网、3D 打印等新技术与新理念的出现，企业竞争优势正在被重新定义，产业互联网将从企业的价值经济原点开始重构企业的价值创造方式，从而降低企业创业成本。互联网的运用不仅能带动我国劳动生产率的提高，还将以提高对资本的有效分配来拉动 GDP 的增长。

其次，互联网经济为政府管理能力现代化提供了有力武器。基于庞大的信息网络汇集的大数据是国家与地区发展的主要指标，已经渗透到金融、健康、住房、交通和教育等重大民生领域，促进政府决策的科学性与有效性，有效提升政府管理和服务的整体水平。基于互联网大数据的智慧城市建设，有利于城市资源的高效利用与管理，缓解城市污染、交通拥堵等一系列城市发展问题。

再次，互联网经济为中国经济结构转型提供新的支撑。基于互联网的数据资源和能源、材料是重要的产业资源，互联网会逐步渗入传统产业的价值链条，为传统企业转型发展注入新的生命力。据预测，到 2030 年，工业互联网将会拉动多达 3 万亿美元的 GDP 增量。与西方发达国家相比较，中国在传统产业方面是追随者，现今面临产能过剩、资源消耗过大、服务业整体水平不高以及服务成本过高等一系列挑战，产业互联网可以有效推动新一轮经济转型与升级。

最后，互联网经济为改善国民生活水平提供新方法。互联网的进步是科技革命与社会变革的结合。互联网经济的发展，引入了竞争机制，为民营资本等经济主体参与社会公共服务领域建设提供可能，为破解公共服务的供需矛盾、提升服务质量提供了有效的解决方案。互联网经济推动着教育、医疗、养老、交通等为代表的公共服务创新发展。据测算，仅医疗卫生领域，互联网每年可以节约支出 1100 亿~6100 亿元，占 2013~2025 年医疗卫生成本增长的 2%~13%。

新工业文明的价值创造方式

　　本篇从价值创造的视角审视新工业文明时代，具体是从价值发现、价值创造、价值传递、价值沟通与价值维护五个方面深入剖析互联网时代的价值创造与传统工业经济时代的价值创造的异同，并围绕着世界工厂网 B2B 平台的打造展开深入阐释。

　　价值发现方面，传统的 B2B 平台让位于新的能够实现个性化要求创新的 B2B 平台，这种新创 B2B 平台体现了新工业文明的"人本"思想。价值创造方面，新的价值创造从企业单独创造价值转向价值共创共享，包括"产消合一"（Prosumer）乃至与企业有关的所有利益相关者合作共赢共创共享的价值创造方式。这种价值创造能够真正实现 C2B 智能制造，实现个性化大规模协同生产，实现人类新工业文明。互联网时代的价值创造系统发生了深刻变革，原来的价值链、价值网络创造价值的方式，让位于价值生态系统创造价值的方式，这也是为什么很多新创企业一开始就布局整个生态系统的原因所在。价值传递方面，工业经济时代的"渠道为王"让位于互联网经济时代的"去中介化"，互联网经济带来的信息公开透明是造成"去中介化"的内在原因，未来一切基于信息不对称的商机都将不复存在。大数据时代的数据挖掘、云计算等技术更是提供了"去中介化"的技术支撑。价值沟通方面，时代在改变，消费者在改变，价值传播和分享也发生了改变。消费者行为理论从 AIDMA 理论转向 SCIAS（Search 主动搜索→Compare 在线比较→Interest 产生兴趣→Action

作出行动→Show 秀出商品），消费者能够实现主动、互动和精准的营销。长尾经济的大量存在也使得个性化协同生产成为可能。整合营销传播成为必然，具体包括：平台营销、传统搜索引擎营销（SEM）及优化（SEO）、移动搜索营销、APP营销、新媒体营销、微商铺营销等。价值维护方面是讲企业怎么把收入持续下去形成良性循环，并不断升级，给社会创造价值。具体包括：社会化客户关系管理、融合和开放、利他竞争力、强弱关系的均衡等。

　　总之，互联网时代的价值创造是价值生态系统的价值创造，世界工厂网的价值生态系统是由支撑系统、控制系统、服务系统等构成的价值生态系统，具体包括纵向价值链的深化和横向生态圈的拓展，最终形成纵横交错的价值生态系统，以满足个性化需求。

第5章　新工业文明时代的价值发现

思维推动技术，技术革新经济。随着互联网思维对用户需求的回归和重视，新制造思维将物理和信息互联，经济的发展也开始变革和更新。互联网和新制造思维带动了信息技术的迅猛发展，将大数据、云计算和物联网这些先进技术运用于具体的经济发展实践，对实体经济的发展带来巨大冲击的同时，也为其发展注入了新的血液和活力，产生了颠覆性革新。各国政府面对互联网对经济发展的冲击和变革，也迅速作出应对：美国"工业互联网"，德国"工业4.0"以及"中国制造2025"，无不反映出各国试图通过互联网实现制造业以及国民经济与时代接轨的决心和信心。这是一个互联网比特经济时代，经济发展从理念到模式再到实践都将由此发生巨大的转变和革新。在互联网对经济发展的革新中，电子商务作为网上交易平台，极大地改善了传统线下交易过程中信息不对称问题，提升了交易的效率。其中B2B平台作为电子商务中最有发展潜力的一种类型，对国民经济尤其是制造业的发展作出了突出贡献。但是随着信息技术的不断革新，制造业采购商和供应商的价值需求也在不断变化，他们已经不再满足于买卖信息的展示和曝光，而是需要有更专业、精准和系统的服务。用户的需求就是革新的动力，新互联网经济时代需要紧紧围绕并且把握用户的心理、习惯、利益，不断发现用户价值需求的变化和价值实现的痛点以及障碍，并通过不断创造和革新的方式来满足用户，实现用户价值的最大化。

5.1　传统 B2B 平台如何发现价值

5.1.1　工业经济时代采购商的价值主张

工业经济时代，公司采购的途径主要有两种方式：第一种是通过各种方式搜索到与自己需要采购的产品相匹配的供应商，经过面对面的谈判、询价等各种线下方式与供应商进行周旋，最终与某家供应商确定采购关系，招标也属于这种类型；第二种是通过长期积累的人脉、信息等资源与某供应商形成长期稳定的合作关系，一旦有采购需求，直接与这些供应商合作即可。

总体而言，工业经济时代的采购方式比较粗放和单一，以线下采购方式为主。然而在信息技术迅猛发展的信息化时代，传统的采购模式已经不能适应社会的需求和企业的发展。作为具有采购需求的经济主体，面对生产效率极大提升、信息透明度不断刷新、企业利润不断被压缩的新市场状况，采购模式的革新势在必行。同时，随着信息技术的发展和市场竞争的加剧，批量生产已经不能够满足采购商的需求，个性化定制费时耗力却难以保证高额利润，也让企业不知所措。大规模个性化定制是个不错的选择，但是传统的线下采购方式，沟通协调成本大，同时缺少采购需求的数据沉淀，若想通过传统的线下采购来满足当前客户的大规模个性化定制需求是不可能完成的。

工业经济时代采购商的价值需求比较单一，有合适的供应商提供他们需要采购的产品即可，在成本上没有过多压力，对于采购的产品也没有过多的要求。同时在工业经济时代，制造业的发展正处于一个上升繁荣时期，市场需求大，利润空间也比较可观。因此传统的采购模式足以应付当时的采购需求。但是在信息化时代，制造业一方面面临着自身行业优势不再，逐渐衰退的局势，另一方面还不能忽视信息科学技术对各个行业生产率的提升和利润空间的压缩所带来的压力。制造业处在生死存亡的关键时刻，各个环节的变革都不可避免，采购作为其中至关重要的一个环节，需要充当变革中的"领头羊"。

具体而言，传统的线下采购模式在以下三个方面是无法满足时代的发展。

第一，采购流程复杂，过多受人为因素影响。工业经济时代传统的线下采购方式流程复杂烦琐，从信息查询、实地考察、询价商谈，到最后的签约、交付配送并最终完成采购，耗费了大量的人力以及时间成本。同时，每个过程都由不同的部门和人员进行审批和操作，一方面效率低下、拖慢进度、增加成本，另一方面各个环节的可控性降低，资源分散，加大了采购风险。

第二，采购来源单一，对供应商的依赖性较强。采购商主要通过线下寻找供应商，采购来源比较单一，接触到的供应商数量有限，质量参差不齐。一旦接触到一个或者几个比较可靠的供应商，很有可能发展成为长期合作伙伴。这种合作关系虽然方便了采购行为，但也会限制更多供应商与采购商接触的机会，采购商会逐渐在采购关系中沦为被动角色。一旦遇到与供应商沟通协调出现摩擦，或者供应商有意哄抬价格等行为，采购商更换供应商的成本较高。

第三，采购数据分散，不能做到有效利用。在传统的线下采购行为中，采购数据不可能被一一记录，更没有得到充分有效的利用。采购数据如果能够分类汇总，对于企业的采购决策具有一定的指导价值，同时还可以预测和分析企业未来的采购方向。在传统采购行为中实现数据沉淀需要较大的成本，因此采购数据往往被搁置和浪费。

这些弊端在不同程度上加大了企业各个层面的采购成本。面对激烈的市场竞争，传统的线下采购模式已经无法满足企业的采购需求，线下采购模式亟须与互联网融合，借助互联网的力量进行模式革新。

5.1.2　互联网对制造业采购的革新

互联网的高速发展和信息技术的突飞猛进为采购模式的革新提供了天然平台。企业将产品信息发布在网络上，增加了企业的透明度，为企业的沟通联系搭建了一座低成本桥梁，为采购商寻找合适的供应商开拓了一个崭新的渠道。互联网的出现从根本上对企业的采购模式进行了变革：沟通的跨时空性、交易流程的简化都在不同程度上降低了采购成本，提高了采购效率，并为企业创造了更多实际价值。网络采购对供应链过程和体系的整合程度越高，企业采购节约成本的效益越明显。电子市场中大量信息的汇集使企业在供应源选择、供应商评估、联合采购、下游渠道发展等方面具备优势，从而实现信息资源对物流等资源的优化配置，这种优化配置将为企业带来采购成本、库存以及获得采购折扣等方面的利益（王静，2008）。总体而言，互联网以及电子商务的出现，对企业的采购行为产生了巨大变革，主要表现在四个方面：

第一，降低采购成本。通过电子商务平台，采购商可以大大缩减采购流程中各个环节的时间和成本。传统采购模式需要借助广告、公共关系等资源和方式来寻找和匹配合适的供应商或者产品，这往往需要耗费大量的搜索时间和成本，甚至经常出现因为搜索成本过高，采购商无法匹配到合适的供应商，而供应商也发现不了潜在采购商的情况。然而互联网能够将众多的供应商信息共享在网络上，并以免费的方式展示出来，采购商能够以比传统采购方式更低的成本获取更丰富的供应商信息，降低了采购的信息获取成本，还能够快速精准匹配到众多合适的供应商。

丰富的供应商信息和采购需求信息，一方面为采购商提供了更加多样化的选择；另一方面也为供应商拓展了交易的渠道，增加了交易选择的范围和可能性。信息传递的同时也拓展了买卖双方交易的选择范围。此外，网络的出现，打破了交易的时空限制，使全球化采购和即时采购能够顺利实现并且更加容易实现。

网络采购通过简化交易流程，大大提高了成交效率。通过互联网在线订购，能够极大地降低线下采购中信息收集、文件处理以及通信和交通等相关流程所耗费的时间和人力成本，从而降低采购的协调成本和产品成本。

网络交易中信息共享以及用于协调和支付的工具，能够提高供应链的透明度，提高库存周转速度，提升采购以及制造过程的整体效率。根据 AMR 评估，网络交易中的这些功能能够达到为企业降 15% ~27% 的商务费用的效果。同时，由于网络平台上供应商信息和产品信息众多，因此在某种程度上还可以降低采购商转换供应商的风险和成本。

第二，提高采购效率。通过网络交易平台，采购商能够在线发布采购需求，与匹配的供应商进行沟通协调，去掉了多余的环节，交易前和交易中的业务流程更加简化，从而节约采购时间，最终大大压缩了整个采购流程的时间，提高了采购的效率。

第三，提高供应链整体获利能力。互联网的使用，能够在供应链成员间快速高效地传递信息，共享生产计划和库存信息，大大提升了需求预测的准确性以及可靠性。供应链成员间频繁的沟通互动能够将采购相关信息的不确定性大大降低，也就降低了供应链的总体成本，提高了资本的有效利用率，最终将会形成提高供应链整体盈利能力的现象。

第四，预测未来采购趋势。互联网的使用，可以通过信息科学技术手段，将每一次采购行为都记录并且沉淀下来，经过日积月累形成的大量数据，将会成为非常有价值的信息。通过对数据的沉淀和分析利用，可以很好地用于指导日常的采购行为，同时可以通过分析过去以及现在的采购行为和采购特征，对以后的采购趋势进行精准的预测和判断，为企业做进一步的战略布局提供数据支持。

5.1.3 传统 B2B 平台的发展与瓶颈

随着互联网时代的到来，市场竞争的激烈程度达到了前所未有的高度。电子商务平台作为一种工具，能够帮助企业更好地实现用户价值，它备受企业青睐，发展迅速。

B2B 是指企业之间的电子商务。全球 B2B 电子商务最早起源于 20 世纪 70 年代的电子邮件形式，后来随着 Web 技术的发展，进入到信息发布阶段，最终进入到电子商务（EC, Electric Commerce）阶段，网络开始大量运用于商业。美国在 B2B 电子商务的发展过程中一直处于领先地位，既具有最先进的技术和运营模式，同时也具有全球最大的交易规模。中国 B2B 电子商务模式的发展经历了从异军突起到骤然而下，从平淡无奇到焕发活力的震荡式发展（赵建昊，2013）。总体而言，中国 B2B 电子商务的发展可以分为四个阶段：

第一，探索阶段。中国的电子商务起步于 20 世纪 90 年代初，马云创办的中国黄页和郭凡生创办的慧聪网都是早期对 B2B 电子商务的有益尝试。1997年，中国开始从国外引入电子商务平台的概念和模式，第一个全流程的 B2B电子商务交易平台——中国商品交易中心（CCEC）上线，标志着中国 B2B 电子商务正式进入探索期。随后，1998 年外贸型 B2B 平台美商网上线运营，1999 年阿里巴巴成立。它们为供应商提供了信息展示的平台，提高供应商和产品信息的透明度，迈出了中国电子商务发展的第一步。由此出现了一大批B2B 电子商务平台，它们是中国电子商务发展史上的探路者。在这个阶段，出现了中国化工网、中国制造网等众多知名的电子商务平台。这个时期的 B2B平台是开拓者，它们开辟了 B2B 在中国发展的路径，满足了企业低成本获取商业信息的需求，但是模式还只是简单的照搬模仿，结构功能单一，没有形成系统和理论。

第二，成长阶段。2000 年前后，国内 B2B 平台开始出现并迅速发展，创业者开始结合实际情况初步探讨和研究 B2B 模式的发展，而非单纯的借鉴国外的现成模式，国内的 B2B 电子商务模式在逐渐成长。但是由于受到互联网泡沫的影响，B2B 电子商务发展受到了严峻的挑战，虽然有成长的意向，但迫于外在环境的压力，最终并没有出现 B2B 平台的大赢家。

第三，发展阶段。2003 年是中国 B2B 平台开始盈利的起点，也标志着中国 B2B 电子商务开始进入到真正的发展阶段。互联网寒冬加快了 B2B 企业思考和探索平台模式创新的步伐，不少平台开始拓展电子商务的服务范围，将B2B 逐渐整合和过渡为 B2C 或者 C2B 等模式，同时将在线支付等功能融入电子商务平台发展之中，这在一定程度上加快了中国 B2B 平台的发展。同时，国际电子商务的热情高涨以及国际资本向中国市场的倾斜，为中国 B2B 电子商务行业的发展提供了稳定的发展环境和资本优势。中国目前正处于 B2B 电子商务的快速发展阶段。

第四，成熟阶段。中国的 B2B 电子商务虽然目前处于一个快速发展的阶段，但在模式创新上还有待提升。在未来，随着信息技术的进一步发展，采购需求的变化，B2B 将会进入更加崭新的局面。B2B 电子商务的成熟阶段，是将信息技术应用于新工业文明，实现制造业的智能化。这也是全球电子商务都在追求的境界。

B2B 是电子商务模式中最值得研究并且最有发展潜力的模式。B2B 电子商务模式本身具有研究的可行性和一定的研究意义。企业与企业之间的交易要比个人之间的买卖更有规律可循，具有研究的可行性；企业与企业间的贸易额巨大，远远高于消费市场的零售贸易，有巨大的利润空间和研究意义。同时，B2B 市场具有信息资源交换便捷、技术先进、买卖双方关系密切等优点，通过B2B 电子商务采购，在降低采购成本的同时，还提升了采购效率（赵建昊，2013）。

B2B 平台从控制方式的不同可以分为以下三种类型：

第一种，供应方主导的平台。它是指供应商自己筹建的 B2B 采购平台，通过此平台供应商将自己企业生产的产品放在采购平台上供采购商选购。这种主要是指某个企业自己的电子商务网站，作为该企业的一种销售渠道，比如海尔、格力、步步高等企业的在线采购网站。

第二种，采购方主导的平台。它是指采购商自己筹建的 B2B 采购平台，通过此平台，采购商将自己的采购需求放在采购平台上吸引供应商来提供产品。这种类型的典型代表是沃尔玛。

第三种，第三方主导的平台。它是指第三方筹建的 B2B 采购平台，这种平台集合了采购商的采购需求以及供应商的产品信息，通过信息的共享，撮合双方完成交易。这是目前 B2B 平台中最主要的模式。这种类型还可以分为中性的电子市场、以采购方为中心的电子市场与以供应方为中心的电子市场。

目前数量最多、发展最为成熟的类型就是第三种——由第三方平台搭建的电子商务平台。这种类型的电子商务平台又可以分为六种常见的模式：

第一种，综合性 B2B 平台。综合性 B2B 平台是目前主流的 B2B 电子商务模式。这种模式的平台往往提供整个行业的综合性服务。这种模式因为行业品类齐全，因此用户范围广泛，具有较好的品牌知名度。这种模式的代表性平台有阿里巴巴等。

第二种，垂直类 B2B 平台。垂直类 B2B 平台是指某一个行业类目下的B2B 电子商务平台。这种模式的优势在于在某个行业内可以为相应的供应商和采购商提供比较专业的服务，但是由于行业的限制，无法打通上下游产业链，其发展受到一定的限制。同时，由于行业范围狭窄，用户群体比较局限，往往不能产生比较大的影响，口碑和品牌知名度都不能与综合类的 B2B 平台相抗衡。中国垂直类 B2B 平台的典型代表主要有我的钢铁网、中国化工网等。

第三种，仓单平台。仓单平台提供在线交易、支付结算以及物流配送等服务，最大的创新点在于实现了采购商和供应商进行在线交易的物流和现金流，从流程上极大地简化了采购流程，降低了企业的采购成本。仓单模式的典型代表是敦煌网、金银岛。

第四种，联盟式平台。联盟式平台联合不同行业的服务网站，通过资源的整合和共享，为客户提供更加专业的服务。相对于垂直类平台模式而言，综合性更强；相对于综合类平台模式而言，专业性又有所提升。是集综合和专业为一体的一种平台模式，具有一定的创新理念。生意宝是这种模式的典型代表。

第五种，金融服务增值平台。金融服务增值平台利用与各大银行合作开展一系列金融增值服务。供应链金融控制和金融结算是 B2B 发展的一个短板，但也是一个潜在的机会。这种类型的典型代表是慧聪网。

第六种，线下综合外贸服务平台。此类模式的企业以提供内贸线下服务为主，主要收入来源为：线下会展、商情刊物、出售行业咨询报告等所带来的广告和所收取的增值服务费用。主要代表有阿里收购的一达通、中国制造网的线下服务等。

总体来说，综合类 B2B 平台和垂直类 B2B 平台，是 B2B 模式中比较传统的类型。近些年来，随着 B2B 模式的探索和努力，也出现了多种平台类型。未来，随着信息技术的发展和人们思维的进步，新的 B2B 模式会不断涌现。

5.1.4　信息化对传统 B2B 模式的挑战

B2B 平台作为电子商务的主体，近些年并没有呈现出明显的上升发展趋势，而是处于停滞甚至倒退的发展状态。这与全球经济危机以及投资人对 2C 平台的重视密不可分。但究其根本，还在于现有的 B2B 模式在电子商务和信息科学技术高速发展的过程中不能够为用户持续创造价值以及增加用户自身创造价值的能力。

跨境外贸业务是 B2B 最早涉足的业务类型，其发展进程可以看做是传统 B2B 发展过程的一个缩影。当时中国制造在海外市场上的价格优势非常明显，只要买卖双方能够匹配成功，成单率就非常高。处于信息展示阶段的 B2B 平台在当时解决了如何让海外采购商快速、高效获取国内供应商信息和产品信息的问题，也带动了电子商务的快速发展。如今随着国际外贸业务格局的变化，跨境电子商务 B2B 的发展也必将进入一个新的发展阶段。在外贸业务格局上，首先是中国自身产品的价格优势逐渐减少，交易的成单率在下降；其次是海外采购需求也在发生变化，金融危机、欧债危机发生后，中国的外贸交易受到很大影响，阿里巴巴 B2B 部门 2012 年 6 月 20 日从港交所退市。然而根据相关数据，海外采购需求并没有减少，只是方式有所转变。海外采购受到经济危机的冲击，心态更加谨慎，出于风险控制意识和缓解供应链资金压力等考虑，由大批量集中采购向小批量的多频次采购方式转变，由长期采购向短期采购方式转变。国内贸易与国际贸易有相似的特点。与此同时，中国的 B2B 平台已经由之前的几家扩展到了几千家，竞争激烈。要想在 B2B 电子商务上有所突破，就需要根据用户需求的变化进行变革，以成交为发力点，帮助买卖双方解决线上线下交易中可能遇到的物流、资金流、安全等问题，为用户持续创造价值。

目前对用户价值的研究主要围绕着三个方面进行：一是认为用户价值是指企业为用户提供的价值。这是从用户的角度来感知企业提供的产品和服务的价值。二是认为用户价值是指用户为企业提供的价值。这是从企业的角度出发，根据用户的采购行为和采购特征等变量预测用户能够为企业创造的价值，它可以衡量不同用户的重要程度，为企业用户分层作出决策依据。三是从用户价值交换的角度来研究用户价值。它是企业和用户互为价值感受主体与客体的用户价值研究。

随着技术的进一步发展，信息的传播变得更加高效，买卖双方信息的对称性差距在逐步缩小，通过解决信息不对称性问题来创造价值，使用场景已经越来越小。随之而来的是，互联网经济正在从信息技术走向数据技术，人们不再把互联网当作一个工具，而是把互联网发展过程中总结出的开放、透明、协作、不断变化的理念运用到其他的行业中去。例如从 2011 年开始快速成长的小米公司，以互联网思维去思考，通过新的思路，在传统手机行业掀起了一场革命。很多人都在分析，小米的互联网思维究竟是什么以及如何运用互联网思维去开展业务。但是我们应该更加清醒地认识到：不管用何种思维方式，都是为了解决实际问题，客户的真实需求——客户对高质量、高性价比产品的追求，是永恒不变的。互联网的发展，互联网思维被提倡，其本质是为了更好地解决这些问题。

B2B 是电子商务中的重要模式，它服务的用户是企业，企业交易额的量级是个人交易额的数倍，因此 B2B 平台具有非常重要的市场潜力和价值。在一些 B2B 平台快速发展的同时，也有不少 B2B 平台已经关门倒闭，很多 B2B 平台的发展遇到了阻碍和瓶颈。目前 B2B 平台的运营和盈利模式比较单一，依然停留在收取会员费的层次，不能够为用户提供更多有价值的服务，无法满足用户的价值需求。随着用户需求的更新，只有交易机会是远远不够的，用户需要 B2B 平台能够提供更多更有价值的服务，例如帮助供应商判断买家的可信度，保证交易安全，在买卖交易流程中起到更积极的作用等。在电子商务平台数目繁多的今天，中小企业对订单之外的增值服务有更强烈的需求，只有巩固这些服务，B2B 才能回归价值，增加客户黏性（杨美清，2015）。

在信息化高速发展的互联网与行业深度融合的新时代，传统的 B2B 模式受到极大挑战，发展遇到瓶颈，主要表现为以下四个方面：

第一，模式发展不成熟，有待向真正的电子商务交易平台转变。现在大多数 B2B 平台还停留在信息流层面，主要通过集合买卖双方，主要是供应商和产品信息来吸引流量，发展层次比较浅，并没有涉及电子商务核心的交易环节，在物流和资金流层面都很少涉及。除此之外，各个 B2B 平台还会通过提供行业资讯等信息来丰富网站内容，为采购商和供应商提供一定的增值服务。总体而言，目前的 B2B 平台网站功能比较相似，主要是供求信息的展示、咨询行情、社区、品牌、展会等板块内容，而且各个板块的活跃度并不高。当前，大多数 B2B 平台能够比较清晰地认识到平台模式的现状和发展瓶颈，但是在模式创新上很难突破，更多的是处于设想的阶段。在一定程度上，现在的 B2B 从发展模式上来看并不能算是真正意义上的电子商务平台，它更多的只是一个信息展示平台和媒体广告平台。

第二，盈利模式单一，会员模式的投入大于产出。传统的 B2B 平台的盈利模式比较单一，大多是采用会员费加广告的形式。会员交完会员费入驻平台后，开始发布产品信息，有一些供应商还会购买广告位、黄金展位等来增加企业和产品的曝光率以及搜索排名，然后就是等待有采购商自动来询价或者是靠平台推送来询盘。在这个过程中，入驻平台的会员在花费了上千元甚至上万元的会员费后，仅仅得到了一个信息展示的机会，缺乏在获取询盘以及交易中的主动性，而平台能够提供的也仅仅是一个信息展示的位置，而在供应商和采购商最为关注的交易环节并没有提供非常有价值的服务。因此，一年几千元甚至上万元的会员费本身或许不高，但是花费本身为企业带来的询盘甚至成交效果并不明显。平均下来，会员模式的投入是要远远大于产出的。这使得企业对这种模式逐渐丧失信心，自然也会对 B2B 平台的发展带来不利影响。

第三，市场杂乱，诚信问题突出。互联网的出现使线下交易向线上拓展，在增加信息互动、提供交易效率上的确作出了不小的贡献，但不可否认的是，电子商务的本质是商务，因此在线下商业交易过程中出现的诚信问题在线上同样也广泛存在；由于网络的匿名性、开放性等特征，诚信问题更加突出，在管理上也更有难度。B2B 平台是企业和企业之间的交易，入驻平台的供应商往往是供应商企业，但是对于这些企业的资质和实力，平台并没有作出太多的限制，往往只要有营业执照就可以入驻。制造业的采购行为与快消品的采购行为有很大的不同，与快消品相比，制造业的采购行为周期更长，但是对于产品的品质、质量、售后等各个方面的要求却更高，因此采购人员对于供应商的资质和实力以及诚信度会更加看重。但是，在 B2B 平台实际入驻的企业不仅有具有一定资质和实力的生产厂家，同时还有不少经销商。虽然他们的存在可以为平台带来更多的信息和优质的产品，但是他们在某种程度上要比生产厂家有更多的诚信风险。由于第三方平台只是作为一个平台提供者，往往并不具备某个行业甚至是许多行业的专业知识，在交易双方的交易协调中以及交易后的服务中，并不能够提供及时和专业的服务，让用户更不敢轻易完全信任电子商务平台的交易方式。此前 B2B 巨头阿里巴巴因为中国供应商客户欺诈事件而引起的高管辞职等一系列事件更是将 B2B 平台的诚信问题推上了风口浪尖。B2B 平台的诚信问题已经成为制约该模式发展的重要因素之一，采购商对于网络平台上产品质量的担忧、供应商实力资质的质疑、平台信息真伪质量的分辨、售后服务的保障等众多方面的顾虑如若不能被打消，B2B 的发展就很难真正进入到一个高速发展的进程中。

第四，服务同质化，缺乏专业性。B2B 作为第三方平台，能够通过信息的展示吸引采购商到平台上来寻找并且最终采购他们所需要的产品。但是平台作为一个中介，不仅要为采购商提供供应商和产品信息，还需要为采购商提供相应的一整套服务系统。平台是连接采购商和供应商的平台，并不是单纯地使用技术手段搭建一个网站、展示几个供应商或几个产品就够了，平台要发挥价值，就要为客户带来价值。平台价值的发挥，得益于撮合采购商和供应商之间交易的完成，并能够在采购的整个流程中让买卖双方尤其是买方享受到极致的、专业的服务体验。在这个过程中，对平台运营人员的要求其实是很高的，它不仅需要运营人员具有一定的技术能力，能够搭建平台，实现三方的沟通协调与交易的完成，同时也需要运营人员具有非常丰富的行业类专业知识，只有这样，用户才能够对平台产生更多的信任，拥有更专业、更极致的服务，这也能够大大提高成交的概率。然而，实际情况并非如此，在互联网经济快速发展的形势下，许多人都想快速掘一桶金，在根本就没有考虑清楚自己搭建平台的目的、服务的对象以及能够为用户带来什么的情况下就急于寻找技术合作伙伴搭建 B2B 平台，更不要说什么运营模式的创新了。目前 B2B 平台的运营人员大多具备一定的技术能力，但是缺少行业知识，尤其是在综合类 B2B 第三方平台上，网站的类目品类如果细分下来甚至有上千个，但运营人员人数有限，不可能对每个类目下的产品和供应商都非常了解。专业性知识的缺失，在不同程度上降低了用户的采购体验，并降低了交易成功的概率。在垂直类 B2B 电商平台上这种问题或许会好一些，某个行业电商平台的多年从业人员，凭借工作经验的积累，会对行业的专业知识有所沉淀，但是这种专业知识也只能是比较浅层次的，因为某一个行业下还会有众多的二级分类和三级分类，要想做到对整个行业各个类目的专业知识都有精深把握，具有非常大的难度。同时，由于个人的专业知识随机性较大，具有不稳定性。

5.1.5　B2B 模式发展潜力巨大

B2B 是企业间的电子商务，是电子商务模式中发展潜力最大，同时也是最值得探讨和研究的模式。原因在于企业之间的电子商务要比企业与个人间的零售业务规律性更强，更容易掌控；同时企业间的贸易额往往是消费者零售交易额的数倍，其带来的现实价值更明显。

作为最早出现的电子商务类型，B2B 为电子商务的发展作出了巨大贡献。在当前 2C 模式火热发展的同时，2B 模式因为与广大消费者关系较远而不为大众所熟知，然而不可否认的是，B2B 一直都是电子商务交易中的主体。

联合国贸发会议在 2015 年信息经济报告中指出，2013 年全球电子商务交易规模达到了 15 万亿美元，而 B2B 占到其中的 92.6%。这说明在全球电子商务领域中，B2B 占有最大的市场份额（见图 5 - 1 和图 5 - 2）。

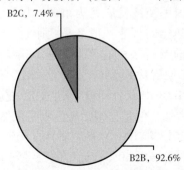

图 5 - 1　2013 年全球电子商务产值构成

资料来源：联合国贸易与发展会议发布《2015 年信息经济报告》，2015 - 3 - 25. http：//world. people. com. cn/n/2015/0325/c1002 - 26748034. html。

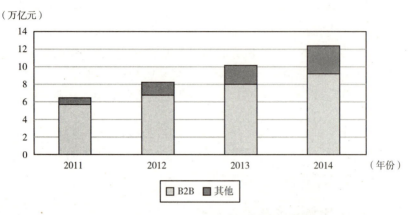

（万亿元）

图 5 - 2　2011～2014 年全球电子商务交易规模

资料来源：艾瑞咨询：2014 年电子商务核心数据发布，2015 - 2 - 9. http：//www. iresearch. com. cn/view/246308. html。

　　另外，根据艾瑞网发布的数据，中国 B2B 电子商务交易规模一直占到整体电子商务交易规模的七成以上，市场份额稳定。虽然 B2B 在中国电子商务的市场占有率上并没有呈现明显的上升趋势，但是由于 B2B 是 B2C 的上游，且 B2B 涉及的产业链更长，在 B2C 发展获利的同时，B2B 同样获益。电子商务占美国制造业收入的份额在十年里增加了 30%，电子商务对美国传统行业的影响已经非常深入，而中国在这方面与美国还有很大的差距，中国 B2B 模式在整个电子商务中的规模占比还有待进一步提升。

　　企业间电子商务大型交易的市场份额更大，是国民经济的重要组成部分，因此推动其互联网化对国民经济发展尤为重要。投资是行业的风向标，风投（VC，Venture Capital）热捧的行业一般都是朝阳行业。根据托比网投融资数据库的统计，2014 年之前获得融资的 B2B 企业每年都不超过 10 家，2014 年是 16 家，2015 年仅上半年就达到了 68 家。仅 2017 年上半年（截至 7 月 21日），中国累计有 92 家 B2B 电商公司吃下超过 85 亿元的融资。中国 VC 对 B2B 的重视程度在不断增加，但是与国际先进水平依然存在不小差距。美国一家机构做过调研，美国 2013 年 IPO 上市企业中的 80% 都是 B2B 企业，美国对 B2B 的投资占到全部投资份额的 40%，而中国只占到了 5%。

　　不管是从 B2B 在整体电子商务中的份额，还是从国际风投对 B2B 的热捧程度来看，B2B 的市场潜力不容小觑。IDG 公司的熊晓鸽认为，下一代的 BAT会在 B2B 领域里产生，用 BAT 对标未来 B2B 行业中的巨无霸。经纬中国公司的左凌烨认为，B2B 已经排进了国内 VC 投资的前三名；北极光公司的张朋认为，移动互联网给 B2B 带来了新的机会。

当前 2C 业务的快速发展，让本来就不为大众熟悉的 2B 业务略显黯淡。尤其是近些年受到全球经济危机以及 B2B 模式自身诚信问题等各方面的影响，B2B 的业绩有所下滑。然而当前 B2B 最大的问题是运营方式缺乏突破，缺少持续为用户创造价值的运营手段。只要能不断以采购商为服务对象，探索出不断为用户创造价值的运营模式，必将能引爆 B2B 的巨大市场潜力。

5.1.6　传统 B2B 模式转型势在必行

商业模式是一个企业满足消费者需求的系统，这个系统组织管理企业的各种资源，包括资金、原材料、人力资源、作业方式、销售方式、信息、品牌和知识产权等。企业所处的环境、创新能力作为输入变量，通过转化形成能够为消费者提供必须购买的产品和服务，也就是输出变量，因而具有自己能复制但不会被别人复制的特性。

商业模式的创新可以为企业创造核心竞争力，并让企业因此持续不断盈利。管理大师彼得·德鲁克早就有对商业模式经典的描述，他指出：当今企业间的竞争已经不是生产者与生产产品之间的竞争，而是企业商业模式之间的竞争。

好的商业模式是企业发展的助推剂，能够让企业在激烈的市场竞争中保持核心竞争力，获得更多的利润。但是好的商业模式并不是一成不变的，它还需要根据市场发展的需求和客户的价值需求与时俱进，否则将会对企业的发展造成阻碍。

当今的 B2B 模式就是一个很好的例子。在互联网经济刚刚兴起时，B2B 模式作为电子商务的"领头羊"，为企业的发展带来了巨大的利益和价值。相对于当时的背景和环境，B2B 模式将经济与互联网相结合，对工业经济时代的采购行为来说，是巨大的变革和创新，使采购在成本、效率、范围各个层面都发生了深刻的变革，为企业节约了大量采购成本，进而为企业带来了巨额利润，越早加入 B2B 的企业，越是可以占领市场先机，保持较强的市场竞争力。然而，随着互联网经济的发展，采购需求日新月异，如果 B2B 平台的运营模式和盈利模式依然不变，自然会逐渐丧失竞争力，使其停滞不前甚至遭遇发展危机。

在全球制造业低迷的形势下，B2B 的发展也遇到了瓶颈，寻找一条既能适应环境变化，又能发挥平台的核心竞争力，同时还可以帮助广大的中小企业走出行业发展困境的运营模式，是当前 B2B 平台亟须思考与解决的问题。① B2B 电子商务运营模式的变革势在必行。

5.2 新一代 B2B 平台的创新及价值发现

B2B 电子商务的发展是机遇与挑战并存，是否能够探索出一个崭新的商业模式，对 B2B 电子商务的发展和未来走势起着至关重要的作用。

世界工厂网作为一个免费使用的 B2B 平台，紧跟行业发展趋势，不断探索践行 B2B 的新模式，致力于为采购商提供更加专业、精准和极致的采购体验，不断挖掘客户价值和需求痛点，助力中小企业客户实现价值最大化，走在国内 B2B 平台模式探索和创新的前列。

2015 年 12 月，世界工厂网改版升级，通过引入行业运营商角色，深耕工业品细分领域，从一级工业品类别细分至二级工业品类别，再深入细分至三级工业品类别，由此生成 8000 个垂直细分品类，让采购经理们收获最有针对性、最周到的采购体验。

世界工厂网 V3 版本的升级上线，标志着 B2B 领域又一模式的创新，势必会对 B2B 的未来发展和走势产生深刻影响。世界工厂网行业运营商模式紧扣用户的价值诉求点，彻底解决传统 B2B 平台用户的需求痛点。

世界工厂网的 B2B 平台在模式创新方面主要表现在采购环境的净化、行业运营商的引入、盈利模式的变革等方面。

5.2.1 采购环境的净化

采购环境的净化，让采购商能够有更加值得信任和有保障的采购平台，大大提高了 B2B 平台的诚信度。平台的净化主要是通过供应商入驻和筛选的规则以及呼伦贝尔算法的技术手段两种方式来实现。

在传统 B2B 平台上，由于对入驻的供应商没有进行规范和筛选，经销商和代理商对质量参差不齐。更多有选择的供应商并非不好，但他们过多的存在或多或少增加了采购成本。在工业品采购方面，真正有生产能力的制造型厂家

---

① 托比网创始人刘宇波在 2015 年 8 月 29 日广州举行的派代第七届年会上做的"B2B：互联网的新机会"的主题演讲。

往往具有更强的稳定性，更容易被采购商所信赖，也更容易被第三方平台管理，尤其是当交易发生在虚拟的互联网上时，生产厂家的优势更加突出。世界工厂网非常有显示度对创新点就在于对入驻供应商的要求和筛选上。在世界工厂网入驻的供应商首先必须是具有一定资质的工厂，为了保证网站产品的丰富性，允许一定数量的一级代理商加入进来，但是会通过限制数量来保证平台上存在的大多数供应商是具有生产实力的真实厂家。同时，具有生产能力的厂家也有三六九等，企业实力和资质参差不齐，为了保证入驻世界工厂网平台的都是优质的生产型供应商，网站会有专门的行业运营专家进行把关和筛选。供应商入驻准入条件的限制以及行业运营专家对优质供应商的挑选保证了平台上供应商的高品质，给采购商提供了一个可以信赖的供应商信息平台。

传统 B2B 平台采购环境混乱，出现诚信危机的一个原因是入驻平台的供应商质量参差不齐，让采购商眼花缭乱，不知如何选择，世界工厂网通过对供应商入驻资质和行业专家的把关很好地解决了问题。同时，供应商在平台上发布的产品信息鱼龙混杂、信息质量低下，拉低了采购商的采购体验。面对平台上五花八门的信息，不知如何选择，产品搜索排名靠前的产品或许并不是真正优质的好产品，面对供应商恶意的 SEO 搜索竞价以及重复发布产品信息以增加产品的曝光度等情况，采购商很难辨别产品的好坏，容易对产品信息的真实性产生置疑。世界工厂网力图为采购商打造一个有序、健康和优质的采购平台，因此在产品的发布阶段通过技术手段予以追踪控制，做到了产品发布环节的创新，以净化采购环境。

呼伦贝尔算法是世界工厂网 V3 版本的一套自主研发的算法系统，它主要是用来处理网站上供应商恶意 SEO 和信息重复发布行为。呼伦贝尔算法通过海量数据的分析处理，为供应商发布的每一条产品信息都建立了 4 套指纹体系，涉及每一个上架产品的名称、属性、详情、发布时间等数十种维度，依靠稳健的云端服务器运算集群，每个上架在世界工厂网的产品信息会在 1 分钟内，被系统识别出是否违反呼伦贝尔算法规则，进而打击低质量、重复的信息及恶意发布行为，在形成供应商信用积累的同时，也降低了采购商的选择判断成本，最终为采购商提供优质、纯净、阳光的采购体验。

世界工厂网作为一个第三方采购平台，与传统 B2B 平台相比，不再是一个简单地为采购商和供应商双方提供信息共享的平台，不再简单地作为一个双方交易的旁观者，而是开始考虑采购的潜在价值需求，并且尝试通过自己的努力和改变，来实现采购价值和体验的最大化。通过对入驻的供应商的资质以及发布产品的信息质量进行追踪，世界工厂网给采购商营造一个更加安全、有序的采购环境。采购商在世界工厂网平台上搜索产品和供应商时，面对的所有供应商几乎都是有生产能力的制造型厂家，相较于传统的 B2B 平台上只要申请就能入驻的供应商而言，世界工厂网能够给采购商更多安全感。按照产品的实际质量而非竞价进行排名的呼伦贝尔算法，使得采购商在采购时更省心、放心。

5.2.2 行业运营商——大平台下的小而美

传统 B2B 平台提供的粗放的、同质性的服务越来越不能满足采购商和供应商的需求。在新工业文明时期，供应商需要的不仅仅是一个信息展示的平台和一个可能成交的机会以及一些质量不高的询盘，他们需要的是一个能够真正渗入他们交易过程中的平台，一个真正能够为他们提供更加专业化服务的平台；采购商需要的也不再是一个可以搜索查找的渠道和一个线下采购时的参考渠道，而是一个真正能使他们放心进行交易的采购平台，一个能够得到更加专业和放心的优质采购与服务平台。新工业文明时期，采购商和供应商新的价值需求点，都对平台运营的专业能力有了更高的要求，这里所说的专业能力指的是对行业的了解。

马云 2009 年在 APEC 会议上发表过《未来世界，因小而美》的演讲，提出了小而美的观点。小并不是指市场份额小，而是指更加精细划分的市场，因为市场划分得更加精细，用户的需求也就更加容易把控和满足；美是指细节之处的极致服务，打造绝佳的用户体验。从大规模、标准化到聚焦消费者，个性化、人性化的回归，满足碎片化的需求，众多小而美将构成未来商业发展的根基。"小而美"论其本质，是某种意义上的生态多样化和可持续发展。它的核心在于对消费者需求的更大满足，例如在客户体验、仓储物流、产品结构和产品模式方面，针对消费者高层次需求作出局部创新。

行业运营商的引入是世界工厂网打破传统 B2B 模式，探索 B2B 新模式中至关重要的一项举措。在传统 B2B 平台，不管是在综合类还是垂直类平台的发展和运营中，大多数企业缺少既懂互联网又懂行业专业知识的复合式人才，导致传统 B2B 的发展陷入困境。世界工厂网通过引入行业运营商角色实现了行业专业知识和互联网运营的互联，这将是一个颠覆性的创新。行业运营商是什么呢？是指在某一个行业非常有经验的团体或者个人，这个团体可以是这个领域中的制造型企业，也可以是这个行业的经销商或代理商，还可以是这个行业的行业协会以及社会团体，甚至还可以是专门研究这一领域的专家学者。那么行业运营商的价值在哪里呢？其价值在于他们对于该行业非常了解，具有深厚的行业背景和专业知识。行业运营商运用他们的专业知识来为采购商服务，比第三方平台上那些只懂互联网，对行业知识略懂一二的运营人员往往能够起到事半功倍的效果。行业运营商首先能够为采购商提供更加专业的咨询，同时在促成采购商和供应商之间的交易中，由于对于行业知识、供应链链条以及一些潜在游戏规则的了解，大大提升了采购商和供应商之间的成交概率。

世界工厂网通过行业运营商模式，将工业品从一级扩展到二级以及三级类目，共约 8000 个垂直品类，为采购商提供更加精准和专业的服务。

在没有行业运营商的 B2B 平台上，采购商如果想买一台车床或者加工中心，往往需要先咨询设备的相关情况并进行询价，平台运营人员在接待的过程中或者通过接到的询价单将询盘推送给相应的厂家，因为对行业知识、设备知识的缺乏，往往不能够给采购商提供最合适的设备；如果平台将采购商和供应商的沟通打通，采购商可以直接通过与供应商的沟通来挑选设备，但是特定一家的供应商往往会从自己的利益出发给采购商相应的推荐，不够客观公正和专业，也不一定能够为采购商提供最合适的设备。工厂供应商创造价值，平台是传递价值，采购方买家是消费价值，平台除了传递价值还传递需求，但是客户的需求在信息化快速推进的新工业文明时期已经变得越发的挑剔和难以掌控，它不是简简单单的一个传递过程，而是需要在理解消化的基础上进行传递，这就需要有更加专业的人士来实现。行业运营商角色的引入使问题迎刃而解。首先，行业运营商是对这个行业非常了解的团体，当一个采购人员提出他的采购需求时，如采购一台车床，运营商就能很快和采购商建立社会联系，通过简单的交谈就能迅速判断出采购商的真实意图（他是确实想采购车床还是来询价比对），并且根据采购商的叙述可以判断出他们采购的紧急程度。更重要的是，行业运营商可以根据采购商的加工部件、性能等要求给采购商提供到最合适的产品。由于这些行业运营商对各个供应商都非常熟悉，这种推荐会更加精准。行业运营商凭借对行业专业知识的了解，能够为采购商提供更加精准和专业的服务，同时还能够为供应商提供更加精准的推广，达到供求双方的共赢和利益最大化。农业经济从粗放耕种到精耕细作，大大提升了农业的生产效率，经济上的精耕细作也必然会带来良好的经济效益。

世界工厂网的行业运营商能够将某个细分市场做得非常专业。如果将垂直类的 B2B 电子商务平台做到极致，是不是就与某个细分的行业运营商运营的类目是一样的呢？其实不然，世界工厂网行业运营商的引入要比专业的垂直类 B2B 电子商务模式更胜一筹。首先，单从某个行业的运作来看，传统垂直类

B2B 电子商务平台在专业度上难以与世界工厂网行业运营商的运营模式相抗衡。传统垂直类平台运营人员的专业知识和专业能力都是通过长期的积累实现的，具有一定的随机性和不确定性；相比较而言，世界工厂网的行业运营商在某个行业的专业知识是天然的、稳定的，同时这些运营商的专业程度一定会远远高于传统垂直类 B2B 平台上的运营人员，同时具有较强的可替代性。从行业划分来看，传统垂直类平台比综合类的电商平台的范围要小，但是总体上说范围也并不能算小，比如说中国化工网、中国制造网，他们主要做的是工业制造品的垂直类电商平台，但是工业制造品的范围依然很大，大到器械设备，小到轴承螺丝，依然存在不能够为用户提供专业、精准服务的问题。但是世界工厂网行业运营商运营的是更加精细的分类，比如机床工厂店、雕刻机工厂店、粉碎设备工厂店等，正是这样精细的分类能够保证平台为采购商提供更加精准、专业的服务。其次，从整个平台来看，世界工厂网这种依靠行业运营商来运营的平台效果会更加突出。单纯某个行业的垂直类 B2B 电子商务平台虽然比综合类 B2B 电子商务平台的目标人群有更加精准的定位，同时也能够对这个客户群体提供比较专业的用户体验，但是它的弊端也非常突出。首先，网站的规模和品牌知名度问题，因为垂直类电子商务只服务于某一个群体，这在用户范围上就进行了一个很大的筛选，势必会影响网站的发展规模。网站的品牌和知名度只会在它的使用人群中传播，不被广大消费者知晓，这在一定程度上更加制约网站规模的拓展，这也是在众多快消品 B2C、C2C 火爆发展的时候，许多行业类垂直 B2B 并不为世人所知的缘故。其次，就是产业链的问题，它是垂直类 B2B 电子商务平台的一个致命短板。产业链是产业经济学中的一个概念，是各个产业部门之间基于一定的技术经济关联，并依据特定的逻辑关系和时空布局关系客观形成的链条式关联关系形态。产业链的本质是用于描述一个具有某种内在联系的企业群结构。产业链中大量存在着上下游关系和相互价值的交换，上游环节向下游环节输送产品或服务，下游环节向上游环节反馈信息。在行业垂直类 B2B 中存在着严重的产业链断裂问题。世界工厂网行业运营商的引入，集合了综合类电子商务平台大而全的优势和垂直类电子商务平台小而美的特征，很好地解决了传统 B2B 时代综合类和垂直类电商平台之间对立不可兼得的问题。因为每一个行业运营商虽然是在单独运营某一个分类的行业工厂店，但是这些工厂店却又不是孤立的，在这些工厂店的背后还有世界工厂网这个大平台的存在，大平台在整体用户群和品牌效应上要明显高于一个个细分的行业工厂店，可以发挥品牌效应和网站知名度的优势，为每个小的行业工厂店带来更多的流量和用户；另外，世界工厂网对各个行业工厂店具有一定的协调能力，可以很好地解决垂直类电子商务平台上供应链断裂的问题。

凡事必有两面性，通过专业的行业运营商来运作，形成一个个细分的行业工厂店的模式是否就没有缺陷呢？运营商是非常懂行业知识的专业人士，他们在自己原先的岗位上完全可以胜任，但是做行业运营商不仅仅需要行业知识，还需要有互联网运营思维和能力。这一点世界工厂网早就已经预见到，并且作出了充分的准备。世界工厂网成立专门的运营督导角色，为每个行业运营的工厂店都配备有专门的运营督导，用以指导这些行业运营商在电子商务平台上发挥他们的专业优势，为平台上的供求双方提供更加专业和精准的服务。

世界工厂网行业运营商的引入，是对传统 B2B 行业的一次重大创新，它从根源上对传统 B2B 平台那种单纯信息展示的模式进行了改造，通过行业运营商使传统 B2B 平台跨入了新的发展阶段，开始成为真正的电子商务平台。行业运营商的引入使世界工厂网由一个个小类目的行业工厂店组成，因其服务的专业和精准，使每一个行业工厂店都是小而美的；世界工厂网大平台在背后做支撑，整合了所有行业工厂店的资源，又能够解决每个行业工厂店的流量品牌和供应链问题。因此，世界工厂网运营商运营模式的创新在于它实现了大平台下的小而美。

5.2.3　盈利模式——实现工业非标品的按效果付费

世界工厂网作为新工业时代的 B2B 平台的典型，在盈利模式上同样具有很大的创新。传统 B2B 电子商务平台虽然五花八门，但在盈利模式上与最初形成时期并没有重大突破，主要就是收取会员费、广告费、供应商购买关键词、品牌推广位置的费用等。在工业经济时代，传统 B2B 平台通过信息的互通，解决了买卖双方的信息不对称问题，这种收费和盈利模式是可以被采购商和供应商接受的。但是随着互联网经济的发展，信息透明度不断刷新，仅仅通过信息展示的方式能为供应商带来的收益越来越少。虽然采购商是平台的核心用户，但是供应商作为 B2B 平台良性运营系统重要的一环，同样不能忽视他们的价值需求。现在的 B2B 平台数量众多，每个平台上的会员费都是上千元甚至上万元，每个平台上入驻的供应商数量以及发布的产品数量庞大，因此每个平台上的效果也就越来越差，接到的询盘数量越来越少，质量也不高，这样算下来，每个询盘的成本将会非常高，更不用说成千上万的会员费与成交之间的投入产出比了。如果供应商想在众多的供应商信息和产品信息中脱颖而出，就需要不断投入费用购买关键词竞价以及显眼位置的产品展示位置，这样成本更高。但是，由于 B2B 电子商务平台自身存在的诚信危机，高曝光率并不一定就能够带来数量可观的高质量询盘以及成交。同时随着网络信息技术的发展，除了 B2B 平台之外，还有许多渠道可以增加信息的曝光和传递，这些渠道有一些供应商自己就可以做到，因此越来越多的供应商对 B2B 网站的会员费趋之若鹜。当客户在平台上收获的价值越来越小时，他们就会选择离开，这势必会对本来就遇到发展瓶颈的 B2B 平台造成更加负面的影响。

制造经济时代，以资本产生价值为主；服务经济时代和体验经济时代，是以客户赋予价值为主。世界工厂网敢于发现客户的价值需求，并敢于进行创新改造，通过实现工业非标品的按效果收费得到了客户的大力支持。世界工厂网在运营模式上通过引入专业的行业运营商将粗放的同质化服务改造成为精耕细作的专业化精准服务；在盈利模式上，世界工厂网也试图改变之前传统 B2B 电子商务平台粗放且效果不佳的运营方式，试图按照网站对供应商的实际价值进行收费。在这里有一个难题就是平台对供应商的实际价值是非常宽泛的概念，无法量化，尤其是工业非标品。世界工厂网的运营人员创造性地解决了这个问题，将平台对供应商的价值进行了量化处理。平台对供应商的价值主要是供应商通过世界工厂网平台而获得的利益，显性利益非常明显，主要是指供应商通过平台最终达成的交易量，但是最终交易的形成其实耗费了世界工厂网平台很多的努力，采购人员完成整个采购交易，需要在网站上搜索、对比、询价、线下沟通，最终成交。世界工厂网就按照采购的流程将平台对供应商的具体价值进行量化。世界工厂网按效果收费的具体项目主要包括：精准访客费、询盘费以及成交的服务费。精准访客是指采购商通过搜索的方式进入到产品详情页的访客，同一个 IP 在一天内重复进入到同一个页面只计算一次，为防止有人恶意搜索的情况，还可以将某个 IP 设到黑名单。必须是通过搜索的方式进入产品详情页的访客才算是精准访客，直接通过网络链接或者在世界工厂网页上直接点进去的都不算是精准访客，因为通过搜索方式进入到产品详情页的客户一般是非常有意向购买某个设备的访客。此外，世界工厂网还会收取给予供应商的询盘费用以及最后成交的服务佣金。世界工厂网通过采购整个流程中为供应商带来的价值，包括有价值的点击、询盘和最后的成交进行收费，实现了平台对供应商价值的量化，并且收费方式也更加精准。

世界工厂网通过让供应商以预充值的方式将钱打入账户，一旦有精准访客、询盘或者成交之后才会收费，如果没有访客、没有询盘、没有交易的话，账户不会进行扣费。充值金额没有过多的限制，高于 100 元即可，当然也有很多看到平台这种模式的好处愿意相信世界工厂网平台的供应商，充值几千上万元的也很多。与一次性充值几千元甚至上万元的会员费相比，世界工厂网按照效果付费的盈利模式可以让供应商清楚看到自己的每一分钱花在了什么地方，最重要的是不会出现收取费用与相应询盘不匹配的情况，因为世界工厂网是按照实际的营销效果进行收费，如果没有效果的话，世界工厂网不会收取任何费用。

世界工厂网创造性地实现了工业非标品按照效果收费的盈利模式，是对传统 B2B 平台收取会员费的粗放盈利模式的创新。世界工厂网之所以敢采用按照效果付费的盈利模式，就在于平台本身的专业性和对平台新模式的信心。在 B2B 不断发展的趋势下，在用户需求越发挑剔追求个性化的时代，相信世界工厂网按照效果付费的模式将会引领未来新工业文明时代盈利模式的新潮流。

5.2.4　世界工厂网的转型和未来

当前，互联网已进入一个全新的发展阶段——"互联网＋"阶段——互联网与产业的深度融合。尽管在这之前互联网已经在产业供应与销售的流通环节发挥了重要作用，但是在核心制造环节还处于入门的初级状态，互联网还没有真正成为制造平台和工作平台，这将是未来新工业文明的发展趋势。

B2B 有巨大的发展潜力，一般 B2B 交易量的量级是消费品的量级的数倍，也就是说全社会的交易量里面有 2/3 是生产资料、半成品、能源，那么 B2B 行业至少还有 25 个像阿里巴巴这样的国际大公司的市场潜力。2015 年 12 月 3 日，中国商务部发言人沈丹提出，下一步将把做大做强 B2B 作为主攻方向，把促进产业发展作为工作重点。作为 B2B 产业的中坚力量，工业品也将成为未来 3～5 年内电子交易市场的主力军。

第一次工业革命实现了制造业的机械化，第二次工业革命实现了制造业的电气化，第三次科技革命实现了制造业的数字化和自动化。随着互联网与产业的融合，将对制造业的行业要求更加精细和精深，将会带来制造业的全面革新，并逐步走向智能化。

传统 B2B 平台的出现，大大改变了供求双方信息不对称的现象，降低了采购成本，使交易摆脱了时间地域的限制，扩大了交易范围，同时还减少了传统线下交易中许多烦琐的流程手续，大大提升了采购的效率。传统 B2B 平台的出现开启了网络电子商务模式，在当时是一个极大的创新。但是，随着信息技术的拓展，传统 B2B 平台所能提供的信息在当下已经不再珍贵，平台提供的同质化服务已经无法满足客户对于专业和个性化要求的价值需求，平台能够提供的价值和产生的效果越来越差，传统 B2B 平台粗放的运营模式已经不能满足当下客户价值和需求的增长与变化。

世界工厂网在运营理念上比普通以营利为目的的平台更有高度，它试图通过对现有 B2B 平台运营模式的探索来实现 B2B 发展模式的突破和革新，带动中小企业主要是制造业的快速发展，同时以新模式为动力，来刺激和盘活制造业，并在新工业文明时代工业制造智能化的道路上留下烙印。面对传统 B2B 普遍存在的诚信危机，世界工厂网从两个方面来净化平台的采购环境：其一，入驻供应商都是真实的制造型厂家，让采购商能够直面工厂，有更加放心和快捷的采购体验；其二，呼伦贝尔算法保证了平台产品信息的发布质量，同时去除了搜索竞价等外在因素对采购商挑选产品时的干扰。

面对传统 B2B 效果日益降低的运营模式，世界工厂网创造性地引入了行业运营商角色，在采购商和供应商之间搭建专业的强媒介关联，为采购商提供更加专业精细的服务，解决了供应链断裂的状况，实现了大平台下"小而美"的共赢局面。面对传统 B2B 供应商收获小于支出的收费模式，世界工厂网通过按效果收费的方案，并且通过采购流程将平台对供应商工业非标品的营销效果量化为精准访客点击收费、询盘费用以及成交的服务佣金，让供应商清楚自己在平台上的每一笔支出和获得的每一份收益。世界工厂网以实际行动成为 B2B 模式创新的领军型企业。它将行业运营商的 B2B 新型运营模式率先应用于中文 V3 网站主体，为各方先行创造价值，进行模式探索，走在变革的前列。之后还会将这套模式运用于世界工厂网的跨境电子商务平台。通过行业运营商运营模式，打通了线上线下交易、国内国际贸易，开创 B2B 模式探索创新的新篇章。

在新的互联网时代，用户的价值是一切价值的源泉。在互联网高速发展时期，用户的价值需求也在不断变化。制造业的发展也不再是单纯地卖设备，同时还需要卖服务，进行资源整合，为客户提供一整套系统的服务。在快速变化的时代，能够精准把握用户的价值需求并能够给予满足是非常重要的，但是平台的搭建和布局要有超前意识，需要考虑一定的需求储备和前瞻性。在"工业 4.0"时代，通过互联网实现机器的智能性，这种智能性不仅体现在机器的智能（比如说现在非常时髦的智能家居），在新工业文明时期，还需要实现机器制造的智能化。这就需要通过物联网将生产中的供求信息、制造、销售需求进行整合，并实现信息数据化、智能化，最终达到快速、便捷、精准的个性化产品供应。世界工厂网目前运营模式的创新只是其发展道路上的一个台阶，各个行业的精细化、精准化运作，上下游整个供应链的打通，最终世界工厂网将会成为工业品智能生产和制造的平台与媒介。我们可以想象一下，未来世界工厂网作为一个第三方采购平台，每天都会收到众多的采购需求，而这些需求个性化特征突出，通过自动评估并且提炼出共性，然后自动匹配到最合适的供应商那里，生产出来后自动配送给采购商。以后世界工厂网涉及的行业范围会越来越大，能够实现汽车或者是其他器械的自动匹配生产和组装。这就是新工业文明未来将会实现的场景，而世界工厂网将会在新工业文明时代不断地变革创新，开创新一代 B2B 电子商务平台的新纪元。

第6章 新工业文明时代的价值共创

互联网时代的价值创造发生了深刻变化，从原来的生产者创造价值变成了生产者和消费者（产消者，Prosumer）共同创造价值。这种价值创造系统是多方利益相关者共同构建价值生态系统，通过共创价值和共享价值从而实现多方合作共赢。这种价值创造系统能够实现"以人为本"的大规模个性化定制，使人类社会进入新工业文明时代。

随着互联网的不断发展和信息技术的普及，电子商务平台价值创造的手段也越来越多样化。B2B 电子商务平台通过解决信息不对称为买卖双方提供服务，可以大大提升商业行为的效率、为社会创造价值。在工业品采购领域，世界工厂网独特的商业模式从全新的角度实现工业品采购的价值链升级。

本章以世界工厂网为例，探讨互联网时代价值创造系统的变革，并对阐述价值创造的主体——利益相关者共创价值的过程进行系统分析，最后指出，大规模个性化定制的价值创造方式使得人类社会进入新工业文明时代。

6.1 价值创造系统的变革

互联网时代的价值创造呈现出不同于传统工业经济时代的特征，价值创造系统发生了深刻的变革。为什么会发生这种深刻的变革？如何变革？这些变革中的原始性创新是什么？

6.1.1 信息科技推动价值创造系统的改变

信息技术在社会、经济、生活等各个领域的快速发展，基于信息和网络的生产和创新模式迅速发展。

从传统 B2B 平台解决信息不对称性问题开始，互联网技术就在发挥着巨大价值。商务活动中的信息流、商流、资金流、物流，已经能够通过互联网完成信息流的流转。近年来，随着在线支付、移动互联网以及新型互联网平台的发展，使资金流和商流也逐步在网上完成。这一过程的逐步完善，催生了无数的商业模式和商业行为。可以说，是技术的发展和进步，带动了经济的繁荣和市场的发展。

当前，中国电子商务正处于快速发展期。以阿里巴巴为例，2012～2017年，淘宝和天猫"双十一"单日成交额分别为191亿元、350亿元、571亿元、912亿元、1207亿元和1682亿元；而2017年的"双十一"，来自阿里巴巴的实时数据显示，零点刚过3分01秒，天猫"双十一"交易额超100亿元；6分05秒，交易额超200亿元；13时09分，交易额超1207亿元，超过2016年"双十一"全天成交总额。

大数据时代下的新商业模式表现在以下两个方面：

一方面，通过大数据分析，能够把网站的用户进行层次、群体的划分，达到"用户画像"的目的。对每个群体甚至每个人，可以进行个性化、定制化、高效化、精确化和智能化地广告推送服务和营销推广服务，可以说大数据带来了电商服务质量的变革。新的服务模式，能够让企业发现和创立性价比更高的全新商业模式，能够比现有广告和产品推广形式更加有效。

另一方面，电子商务发展不可避免会面对成本和同质化竞争的问题。而大数据时代的到来，为企业解决问题提供了新的思路。通过对具体的产品和服务形式的改进和优化，让企业通过创新提升竞争力。

企业大数据的运用，需要注意其带来的风险和挑战，它包括以下三个方面：

第一，企业信息化、投资规模化的发展带来对数据质量的要求。在价值链中产生的信息，包括商品信息、物流，以及用户的社交信息、LBS信息等，是企业大数据的主要来源。这些信息的数量一旦积累将极其巨大，远超现有企业IT架构和基础设施的承载能力，必须对现有技术进行调整才能适应。此外，数据孤岛、数据质量等数据治理问题也是企业必须面对和解决的。

第二，针对大数据的相关管理政策尚不明确。大数据时代下，数据即是资产，是企业的虚拟资产，对这些虚拟资产的保管和保护是每个企业都需要面对的。目前中国针对大数据、云计算服务的管理政策和技术标准尚未明确。

第三，数据安全与隐私问题突出。大量的数据汇集，虽然让经营成本和营销成本迅速下降，但是企业也要同时面对数据泄露的风险。企业要防止数据在终端被窃取和篡改。此外，敏感数据的所有权和使用权，当前法律还没有明确的规定，隐私问题将成为很多基于大数据的分析要考虑的因素。

6.1.2 价值创造系统的变革

价值创造系统的变革经历了价值链、虚拟价值链和价值网再到价值生态系统的过程。

6.1.2.1 价值链

价值链的概念是哈佛商学院迈克尔·波特（Michael Porter）教授于1985年提出的。其核心观点在于：企业通过一系列活动创造价值，这些活动分为基本活动和辅助活动两类。其中与实际生产行为有关的活动为基本活动，如企业内部后勤、仓储、生产、销售、售后服务等；而不与生产相关，只间接服务企业运作的为辅助活动，如生产资料的采购、新产品研发、人力资源管理、企业基础设施维护等。通过基本活动的前后衔接，构成了一个企业完整的价值运作体系。而辅助活动的存在，则是为上述基本活动的正常进行提供支持。最终企业的利润来自基本活动和辅助活动的综合。基本活动与辅助活动的结合，构成了一个企业的价值链。

传统企业创造价值的过程，能够在价值链模型中很好地体现出来。而针对制造型企业来说，价值链模型更是一种典型的描述方法。随着电子商务的发展，企业的各项活动逐步转向电子化、无纸化，即价值链中的活动由传统模式转化为信息化模式。而进入电子商务领域，企业通过信息化方式完成商务活动，是对价值链的再升级。B2B 电子商务对企业价值链的重塑有以下四个方面：

一是电子商务的出现改变了传统的采购、营销及售后方式。传统的营销活动，其真实场景通俗讲是："推销员满天飞""采购员遍地跑"，所有的业务需要靠人的努力完成。而在互联网上，信息的传播效率有了飞速的发展，交易双方只要通过电脑，就能完成几乎绝大多数工作，省去了大量中间成本。供应商在网上与客户联系，在线即可服务；采购商可经由网络扩充业务的触角对价值链进行延伸。不仅如此，互联网还可以优化企业内部的管理流程，将人力资源管理、业务审批、促销活动、经销商管理、售后服务等工作变得更有效率。

二是电子商务缩短企业的价值链环节。电子商务让参与其中的采购商和供应商更紧密地结合在一起，市场不再是有形的市场，市场的现实边际无形地扩大到全世界。当企业采用传统的营销方式进行商务活动时，商品必须通过批发商、分销商等多种中间渠道才能到达顾客手中，这一过程在整个商务活动中形成了一个价值链，共同分享了商务活动中产生的利润。但在互联网上进行的交易已打破了这种价值链的局限。价值链中的各个参与者都在考虑如何直接与终端客户打交道。电子商务的发展导致价值链中不再需要的机能消失，中间商和贸易商会因为电子商务的兴起而逐渐消失。而增值的中间商却会兴起，例如专业行销公司、专业物流公司等，这样就无疑缩短了价值链环节。

三是电子商务让企业的生产方式更具效率。促进了传统行业的快速变革。电子商务的本质是提升人与人之间的沟通效率，通过沟通效率的大幅提升，极大地提高了商务活动的效率。因为中间环节的减少，企业可以更加精细化地安排生产计划，传统的制造业从此进入小批量、多品种、定制化服务的时代，让企业生产"零库存"成为可能。不仅如此，传统的零售业和批发业也能通过互联网优化自己的价值链，在线开店无租金、营销活动也全部在线进行，通过线上服务为传统服务业提供了全新的服务方式。同时，互联网的存在，极大地增强了人们获取和处理信息的能力，而科技的发展又为人们提供了各种工具，让人们有各种机会去实现之前实现不了的愿望。互联网让消费者的个人习惯有了很大变化，同时也积累了企业社会信用记录。相信电子商务在未来一段时间内，会与企业传统的营销模式并存。

四是电子商务促进价值链中每个角色进行价值创新。电子商务不仅为价值链中的参与者提供了互相联系的机会，而且还提供了一个创新的平台：让参与者不再关注传统营销方式中复杂的成本概念，这样每个参与者都可以将精力集中在新的价值创造上。

互联网快速发展的今天，人们意识到信息和知识已经是独立的生产要素。而传统价值链理论由于产生较早，适用于传统的生产型企业。传统价值链理论同样认为信息技术在企业生产中具有重要的作用，但却只把信息技术当作生产过程中的辅助内容，并不认为它能够创造或增加价值。

6.1.2.2　虚拟价值链和价值网

为克服传统价值链理论适用性的局限，雷波特（Rayport Jeffrey F.）和斯维奥克拉（John J. Sviokla）于 1995 年提出了虚拟价值链的思想。这一思想认为"如今企业都在两个不同的世界中进行竞争：一个是管理人员看得见、摸得着的由资源组成的物质世界（市场场所）；另一个是由信息组成的虚拟世界，正是后者导致了电子商务这样一个新的价值创造场所（市场空间）的产生。在虚拟价值链的思想下，人们将物质世界和虚拟世界分别进行分析，其中物质世界通过"物理价值链",即采购、生产、销售等活动开展价值创造活动;而虚拟世界通过"虚拟价值链",即信息的收集、组织、挑选、合成和分配等开展价值创造活动,二者相辅相成,通过不同的活动行为开展价值创造活动。

虚拟价值链与物理价值链互相联系。虚拟价值链对企业的经营过程中的信息进行收集、组织、挑选、合成和分配,并且以此构造出虚拟价值链与物理价值链的对应关系。不仅如此,虚拟价值链还是物理价值链在市场上的延伸和提高。虚拟价值链基于互联网,在收集、整合、分析信息的过程中创造了价值。比如通过信息的合理分配,企业可以通过数据精确地分析企业经营状况,能够让企业合理分配库存,带来成本的下降。从某种意义上来说,虚拟价值链是传统价值链的补充和升级。未来企业的竞争,将从对物质资源的利用,逐步转向对信息资源的创造性利用,虚拟价值链将发挥自己越来越大的作用。

作为传统价值链在信息领域中的延伸和新的发展,虚拟价值链与传统价值链区别表现在以下三个方面:

一是通过虚拟价值链,人们首次把信息作为独立的生产要素和资源去看待。在虚拟价值链思想的指导下,企业根据需要对自身经营过程中产生的信息进行加工挖掘,以此发现新的市场机会,为企业创造更大利润、为顾客创造更大价值。

二是虚拟价值链是一种为顾客"重新创造价值"的活动,而不单单是"信息的增值"。未来企业将在由信息组成的虚拟空间中开辟一块全新的竞争领域,通过全新的竞争方式,脱离原始竞争方式。

三是虚拟价值链中的信息活动,是具有关联性的一个整体。虽然对每个数据的分析都能给企业带来新的思考,甚至能够各自发掘新的价值点;但同时它们也是互相关联的,他们离不开信息技术的平台,在业务上互相影响和关联,最终构成整条虚拟价值链。

此外,由于虚拟价值链的特殊性,其每个价值活动都是独立的,传统价值链中的价值活动信息并不需要全部转移到虚拟价值链的价值空间上。企业只把部分服务移入虚拟空间,而其他活动仍旧可以基于传统价值链,比如,在线为顾客提供服务,而其他业务保持传统方式。企业将哪一部分价值活动移入虚拟空间、哪一部分活动还在传统价值链上实现,是企业通过比较自身优势与市场竞争环境后有机调整的。

电子商务价值链的发展经历了以下四个阶段:

第一阶段,传统互联网电子商务中虚拟价值链的建设。传统价值链是虚拟价值链的基础，所以虚拟价值链能够发展，必须要有覆盖全面的传统价值链，而互联网等信息技术的运用，正是完善传统价值链的重要手段。在过渡阶段，企业的工作重点是内部局域网的整合，实现企业业务的数字化、网络化，最终让信息畅通流动。这一时期，企业有条件从第一个阶段延伸到第二个阶段。

第二阶段，以互联网电子商务为基础，实现企业自身虚拟价值链的建设。传统企业的价值链都可以通过互联网来实现管理，比如采购行为、进货行为、后勤管理、生产作业、经营销售、发货及物流等。这些环节会产生大量的信息，这些信息都能通过技术手段在网上实现管理。不仅如此，需要外部支持的物流活动，如配送和仓储，则可通过第三方物流公司完成，企业只需要在线进行物流跟踪即可。最后，对于与互联网关联较远的技术研发，企业可以通过互联网获取大量的信息；对于自身不擅长的部分，可以根据实际情况进行外包，让专业的人做专业的事，企业自身只需要专注于自己的核心业务。未来，由于信息的高效共享，企业的组织架构将逐渐趋于扁平化、网络化。所有的这一切，都将让企业的虚拟价值链更加高效。

第三阶段，在行业运营商加入后，各个角色能够串联成价值网。当今的电子商务竞争已经从传统的价值链竞争——即如何利用企业自身能力或资源来构建竞争优势，转向推动、构建电子商务平台以及电子商务生态圈，将目光聚焦到电商企业之外的各利益相关者，透过平台化战略，携手构建开放、分享、融合的竞争合作模式，既突破了电商企业对自身内在能力的依赖限制，又能挖掘、撬动其他企业的能力，使这一系统创造更大价值，达到互利共赢的目的。这一系统，我们称为电子商务生态圈。

电子商务生态圈可以从垂直和水平两种延伸模式进行解构。垂直的电子商务生态圈强调产业集群和协作关系，从原材料供应商、制造商到分销商，再到经销商和最终用户，整个商业链条以及围绕这一链条所必需的关键服务环节通过"在线"实现；而从水平角度出发，电子商务生态圈将是一个新型的兼顾采购、营销、仓储、物流、客户管理、信用管理、支付等多种功能的全面化商业生态圈，而不仅仅是一个简单的集合。

生态圈的主要参与者可以分为四类，即采购商、供应商、运营商以及世界工厂网。在这个过程中，采购商可以认为是整个生态圈的核心，其聚合能力和消费模式引领着生态圈中所有角色的商业动向，从"电商有什么商品是我要买的"向"我需要商品，电商是否能提供"转变；供应商作为传统商业中的核心角色，在生态圈中反而相对滞后，并依赖于一定的平台战略倾斜政策，实现与平台的共赢；电子商务概念下的运营商主要向品牌供应商及网络分销商提供服务，如网络渠道拓展服务。行业运营商的加入，一方面为采购商提供专业的咨询服务，另一方面对工厂进行认证、筛选、控制和专业评价。采购商可以通过运营商获得品牌、科技、价格、质量、服务、供货周期等的高级服务；而运营商能够对工厂店的研发实力、生产能力、质量管理、服务保证、市场评价、第三方认证等内容进行规范；通过对供应商的规范，采购人员对平台产生信赖，更加容易成交，成交后供应商即可获得相应的收益；通过撮合采购行为，行业运营商提升自己的行业价值并从供应商处获取收益。三个角色在价值的产生与传递中互相关联，最终形成一个完整的价值生态系统。

在目前的电子商务生态圈中，要维持可持续发展及竞争力，除平台战略层面的考量外，各参与者也须根据各自的用户群特性、在平台与生态圈中的角色定位，从供应链、营运资金、数据与信息技术管理的角度出发，关注、优化现有的关键管理活动。

第四阶段，供应链整合管理。对于电商企业来说，卓越的后台管理能力成为保持竞争力的一个关键因素，而供应链的有效管理可以提高整个后台运作的效果与效率。通过对采购、仓储、物流、配送等环节的控制与有机整合，利用信息技术与流程优化，达到降低成本，提高运营效率的目的。通过后台数据分析系统对各类商品的销售预测、历史同期数据、季节变化影响、节假日消费习惯影响、竞争对手的竞争策略等因素进行分析，对库存商品数量进行实时监控并制定合理库存与采购策略，有效利用整合供应链的优势，提升运营效果。通过对供应链的整合管理，改善电商前后台运营管理的薄弱环节，尤其是前后台衔接的问题，可以有效解决如销售数据质量、佣金返利、库存、存货盘点等困扰电商的普遍问题。

供应链整合管理具体包括三个方面的内容。

一是营运资金管理。"现金为王"，正现金流对于维持经营和降低财务风险具有重要意义。正现金流、必要的运营和维护费用以及良好的速动比率，都是财务与业务稳健运营的基石。美国生产力与质量中心（APQC）与甫瀚咨询2013年11月联合发布了一份最佳实践报告，其中提出了一个包含四个步骤的前瞻性方法来优化营运资金管理，从而提高流程能力、节省成本并回收潜在的资金损失。第一步，发现不确定性来源。确定企业面临的新风险和当前风险，并评估这些风险会对营运资金的需求有什么影响。第二步，执行"营运资金诊断"。评估营运资金，分析有关企业运营活动和能力的数据，并与同行企业作出比较。第三步，重新评估营运资金政策。根据企业的商业模式和风险容忍度来制定营运资金政策，按当前的风险状况来决定需要一个进取、稳健还是保守的政策。第四步，优化营运资金。寻找机会优化现实各个领域的营运资金，例如现金和可转售证券、资源、采购、应收账款、应付账款和存货等。

二是信息技术的应用与管理。为解决常见的电商数据准确性、系统稳定性以及信息安全等问题，可以从以下三个方面入手。首先是融合与整合。即指系统间的整合，通过规范开发标准、控制开发质量，打通已有系统的数据接口与上下游逻辑与衔接关系，形成前后台一体化的整合系统框架；也包括数据间的整合，通过制定统一的数据结构与数据总线，在各个已有系统的基础之上，构建公司总体数据与系统平台。通过平台衔接各个应用模块与孤立的系统，形成以数据与系统总线为基础的整合数据框架；同时，也可以利用数据仓库的方式在较小影响现有系统与数据的情况下，整合内部信息资源，通过数据采集、抽取、清洗、呈现等步骤，形成以数据仓库应用为基础的整合资源框架。采用什么方式，根据企业实际情况，无所谓优劣，但未来的竞争力将源于整合的能力。其次是企业架构建设。如同大部分企业信息技术的应用一样，缺乏战略性与架构性的构建与设想是很多电商普遍存在的问题。通过对电商战略目标的分解，识别关键绩效指标，将前后台的采购、仓储、市场、销售、物流、资金管理等关键环节进行整合，构建满足电商业务发展与模式特点的企业架构，满足平台化与生态圈的需要将是电商企业能否发挥自身能力，撬动外部资源，形成良性循环的必要条件。最后是信息技术风险管理与信息安全。如何保护好信息系统、数据资源，如何应对信息技术风险，是电商不得不面对的问题。加强信息技术风险识别与评估，从物理环境、网络系统、操作系统、数据库、应用系统、业务流程、管理体系等层面，理清信息技术风险管理的各个薄弱环节，从而有针对性地开展信息技术风险管控工作。从信息安全角度，重点需要关注电商前台业务系统的编码与逻辑问题，防止注入攻击、跨站脚本攻击、跨站请求伪造、HTTP 响应拦截与拆分、管理路径暴露等攻击。在信息技术基础设施方面的配置、架构、边界控制等高风险领域，由于电商企业内部员工与合作者众多，安全意识薄弱、信息泄露等问题较一般企业更为严重，也需要通过管理与技术手段进行防控。这些问题需要得到电商管理者的高度重视，上下一心，管理与技术并重，才有可能得到有效管理。

三是数据管理与大数据的应用。电商企业越来越依赖其不断发展中的数据生态系统来提升竞争优势、改善运营效率及提升管理效果。高质量的数据管理是企业管控的基础要素，采购、销售、库存数据的准确、及时是电商运营的基础，涉及产品销售、成本核算、佣金以及返利计算等诸多环节；而物流、支付、退换货数据涉及资金回笼、客户体验等影响电商生存与发展的基本条件。供应商、客户信息、会员管理、促销与优惠等数据是电商链接整个平台与生态圈的基础。从产品陈列、产品配比、呈现投放、精准营销，到消费行为分析、产品关联度分析，再到地域、季节、时段、热点关联等消费习惯分析，都离不开大数据的挖掘与利用。电商从大数据的生产者转变为消费者或者受益者，不只是制作分析模型，完善呈现方式等内容，更重要的是如何识别、采集、清洗数据，如何归集、分类形成有用的数据集市与数据子集。这些内容要求数据具有高质量的来源系统与单位，清晰的数据格式与数据规范，可靠的数据存储与备份系统，稳定的数据接与通信机制。这些要求对电商的系统与现有数据管理机制带来了极大的挑战，但从另一面来说，如何有效利用大数据，也是电商发挥平台战略与生态圈的优势所在。

6.1.2.3　价值生态系统

最高级别的平台之争，一定是生态圈之间的竞争，价值网络的最高形态是商业生态系统。平台模式的精髓，在于打造一个多主体共赢互利的生态圈。阿里巴巴的四块主要业务分别是阿里巴巴电子商务，包括了 B2B 业务、淘宝、天猫；第二块是阿里巴巴金融；第三块是阿里巴巴的数据业务；最后一块是阿里巴巴现在正在建设中的物流体系。这四个业务模块，每一个都是一类平台，各个平台相生互动，又形成了一个庞大的电子商务生态。阿里巴巴在运营的生态系统，是从底层的基础设施（信用体系、支付体系、交易体系、物流体系）开始建设的。而后起之秀小米也正在"软件＋硬件＋互联网"的"铁人三项"指导下构建着自身的平台和生态系统。

构建平台是一种战略的选择。而为了更大的战略布局，更好的方法就是构建平台生态圈。从构建单一平台到成就一个平台生态圈，必须一步步循序渐进。这要以某个平台为基础，营造出"为支撑平台活动而提供众多服务"的大系统，才能最终构建出一个完整的"平台生态圈"。

不仅互联网企业如此，传统商业亦然。例如，万达广场就是一个平台生态圈。如果只是建设一片集住宅和购物中心为一体的楼盘，让住户与商家可以很便利的交易的话，万达就只是一个平台。但是，万达除了提供这样的地产平台外，还通过联合招商控制着入驻万达购物中心的商家的品质和品牌档次，这样就营造了一种较高端的都市生态圈。并且提升了整个平台的定位，使得平台上另一方的住户得到了更好的生活体验，从而住宅地产就可以更好地销售和盈利。万达广场一般选址在繁华的市区，入驻的商家在面对更优质的住户和更优质的购物中心环境时，自然就有更好的营业收益和经营体验。

一个平台生态圈是由多种多样、错综交织的服务体系组成的大系统。由于人类有群居和安全的需求，生态圈最早建立在用围墙圈起来的城市里，我们称他们为"罗马""京城""××生态城"等。由于人们有日常消费购物的需求，生态圈建立在特殊设计的大卖场或购物中心，我们称他们为"国美""沃尔玛""万达"等。由于工业标准化生产方式的发展和信息处理与交通的需求剧增，这个系统也可以建立在某个硬件厂商上，我们管它们叫"IBM""福特""丰田"等。由于信息技术的发展和多种功能软件应用的需求爆发，这个系统也可以建立在软件公司上，我们管它们叫"微软""Linux""Android"等。现在，由于互联网的发展和比价、社交、便利等需求的爆发，这个系统可以建立在互联网公司的服务器上，我们管它们叫"阿里巴巴""腾讯""淘宝""京东商城""携程""Google""亚马逊"等。

可见，平台生态圈正在随着信息技术的发展，从实物状态向虚拟状态演进。但不变的是，所有的平台生态圈的建立都要有一个前提，那就是"更好地满足当前时代的多方需求"。

对于世界工厂网来说，随着价值网的建立，很好地解决了信息不对称、互联网诚信、服务的专业性等问题。运营商为了长久生存，会更加认真管理自己行业内的供应商，认真为采购会员提供服务；而通过按效果付费的商业模式，供应商不再担心花钱收不到效果，只需要全身心把精力放在产品质量的提升上，提升自己的核心竞争力；采购会员将面对一个更加健康、成熟的市场。随着价值网的良性运转，会有越来越多的采购会员、供应商抛弃传统的互联网交易方式，投入更先进的价值网络中去。这顺应了市场发展趋势的必然结果，世界工厂网的价值网络将愈发庞大，与三个角色有关的二级产业诸如支付、第三方推广、职业人圈子等将愈发繁荣，最终会成为欣欣向荣的价值生态系统。

6.1.3　变革中的原始性创造力

通过对传统 B2B 电子商务平台商业模式的再创造，世界工厂网实现了传统电子商务平台向新型电子商务平台的转变。它是第一家提出"为采购经理服务"的电子商务平台，是第一家直面工厂网的 B2B 平台，也是第一家与行业运营商相结合的电子商务平台，其创造性表现在三个方面。

6.1.3.1 生产厂家直接对接采购商，容易实现按需生产

互联网的本质是让信息的传播变得更加有效率，能够把采购商的同类采购需求交由供应商生产。由于厂家生产量变大，单位生产成本就下降了，可以实现工厂的智能生产，提高生产效率。这是未来工业互联网发展、效率提升的趋势。世界工厂网已有的大数据统计分析系统，能精准地统计出每天的访客，精准访客通过搜索引擎或站内搜索进入产品详情页，在产品详情页点击购买或在线咨询，能够正确屏蔽掉劣质的供应商用户，统计出访客的地域排行、访客的终端分布、分时段的访客流量、访客集中的行业、单个行业下的产品数量、供应商数量、行业咨询数量和相关页面的流量分布；能够针对采购商的浏览轨迹，精确判断一个采购商是无效访问、意向用户还是二次购买用户等，为网站的访客进行精确的"画像"。最终，在用户自身没有任何操作的情况下，世界工厂网大数据分析系统已经为站内所有的采购商与供应商进行了第一轮的匹配。这些数据对于单个行业下的运营商是完全透明的，运营商也可根据这些数据，精确分析采购商的需求，然后匹配给适合的供应商。一个采购需求不再是一条枯燥的咨询内容，而是包含着平台对采购用户的分析和预测以及对潜在合适供应商进行一轮挑选，最后由运营商进行交易角色的精准匹配。这些流程最终都是为了高效地把聚合单个行业下的采购需求合理分配给供应商，实现C（Customer）to B（Business，这里特指工厂）的智能制造。

6.1.3.2 在传统电子商务流程之上创造并集成价值

对于采购商来说，通过传统的 B2B 平台，可以方便地查询信息，找到自己需要的产品或合适的供应商，在与供应商建立联系后进行交易。

世界工厂网除了能提供以上所有的服务外，还能够做到有特色的三个方面。一是保证所有的企业都是生产厂家，让采购商直接对接到终端，免去中间环节，节省成本。在行业运营商加盟之后，运营商所在的品类中的供应商，都由运营商进行审核，而不是直接注册即可使用工厂网供应商管理后台。通过运营商的审核，过滤掉其中的贸易商和经销商，保证供应商都是生产厂家。二是通过运营商，提供高质量的采购咨询服务。在没有运营商参与的情况下，采购商需要在购买前只能咨询供应商的客服人员，而中国的中小型企业，能够有精力做到组建专门的电子商务团队，做到全天候 24 小时服务的是凤毛麟角，这

就给采购商的采购体验打了很多折扣。而运营商的加入，可利用中立和专业的第三方身份，替供应商进行客服接待活动。三是没有供应商的竞价、排名等干扰因素。世界工厂网商业模式虽然也进行广告销售，但是全部不影响采购商的正常使用流程。比如，所有的广告产品永远不会出现在搜索结果中，只能出现在站内推荐等位置，保证了采购商操作的有效性。

网站体验专门为采购人员设计，使用简单流畅。传统的 B2B 平台由于服务主体是供应商，需要在设计过程中着重注意对供应商的引导以及针对供应商的付费产品的制作，这些都影响了采购商的体验。为了让采购会员能够直面工厂，最大化降低采购成本，世界工厂网开发了只有通过"工厂认证"的供应商才能上架的"工厂特权产品"功能。同时，世界工厂网 V3 重新定义了网络营销中"供应商营销效果的标准点"，为诚信品质供应商全新设计了真正"按效果付费"的"4.0 效果营销"服务体系。

此外，世界工厂网还在 2015 年 11 月 12 日上线呼伦贝尔算法。这套算法旨在打击人工或者使用软件发布的大量低质量、重复信息，真正开启 B2B 行业信息的蓝天白云时代。让每一个采购会员买得放心，让每一个诚信品质供应商都顺利发展，这是所有采购会员、供应商用户以及世界工厂网的共同愿望。这些服务保证了采购会员采购过程的高效，优化了采购体验。

对于供应商来说，由于不用缴纳会员费，供应商可以将更多的精力投入到生产和服务。原先交了会员费后不一定有效果的现象不复存在，运用按效果付费的手段，可以让供应商从源头提升自己在互联网营销投入上的科学性与准确性，让供应商从盲目的投入变为精细化的按效果付费。

对于在某个行业中有着领先地位的企业，或者非常熟悉某个工业品采购行业、与供应商有着良好关系的企业或机构来说，在世界工厂网运营商模式出现之前，这些企业并没有一个好的机会发挥自己的价值。具有一定行业地位的企业可能自己组建团队、开发平台，而互联网过高的技术壁垒限制了他们的发展；同时，非常熟悉某个工业品采购行业、与供应商有着良好关系的企业或机构，很可能变成了行业协会或者培训机构。只有在世界工厂网的模式下，才能更好地发挥他们的各自价值。

采购商、供应商、运营商，这三个角色在整个价值网络中互相连接。采购商是价值链的最高层，本着服务采购商的基本原则设置供应商和运营商的使用条款、运营规则，供应商和运营商的目标都变得更加清晰，并且能够更好地服务采购商。通过服务采购商，促成交易，让供应商和运营商获取收益，在这个过程中，三个角色各取所需，又互相给其他两方提供价值，形成一个完整的商业生态系统。

6.1.3.3　从"农贸市场"到超市的转变

阿里巴巴的会员费模式，在 B2B 发展的初期，效果十分明显。会员缴纳会员费、购买广告位，可以获得更多的曝光机会。购买会员就好像购买大街上一块惹人注目的广告牌，只要把广告放到广告牌上，下面的人群就一定能够看到。这种把会员费模式作为广告牌的类比，其实同样也适用于其他的商业模式。任何互联网世界的商业模式，都能找到在现实生活中对应的一种真实行为。世界工厂网的运营商到供应商模式也不例外，可以把它想象为现实生活中的超市模式。

在现实生活中，柴米油盐问题是我们每一天都要面对的。如果去农贸市场买，买回来的菜如果出了问题，还需要找到这个卖菜的商贩去解决，而农贸市场的摊位都具有流动性，只要交钱即可入驻，所以今天在这里卖菜的摊位，明天就有可能换了地方，售后问题难以解决。这个时候超市出现了，各个商贩付费进驻，商品有质量问题，消费者可以直接找超市解决，不用再找具体的商贩，而超市也会反过来规范商贩，以此为采购人员提供更好的服务。如果把传统的 B2B 平台看作是农贸市场的话，那么结合了行业运营商的平台就是超市。在现实生活中，超市模式被证明更符合大众的需求，那么与此对应的线上的行业运营商模式，相信一定也能焕发应有的光彩。

6.1.4　价值创造中的原始性创新

我们知道，工业品采购分为两部分：标品和非标品。其中标品的采购，有着高度标准化、定制化程度不高的特点，这类采购行为是非常适合通过在线支付形式来实现的。随着在线支付的普及和互联网的应用，标准品的采购也逐渐可以使用"下单→支付→发货→收货"的流程来进行。世界工厂网通过"工厂易购"已经实现了超过 180 个分类、9000 种产品的一站式在线采购，未来工厂易购将与世界工厂网的采购助理 APP 结合，实施 O2O 战略快速扩展市场，这是其他平台或竞争对手所没有尝试过的。

而对于非标品来说，由于其交易过程的复杂性，平台真正需要做的应该是"撮合交易"，而提供信息服务正是"撮合交易"的一种，非标品就像"处方药"，需要"医生"诊断后才能"对症下药"。对于世界工厂网的运营商模式来说，"撮合交易"的效果比传统 B2B 平台向前跨进了一大步。世界工厂网创新型的"行业工厂店"模式，找到了各行业的"专家""师傅"，把他们的价值最大化，当别的非标品的 B2B 平台还在做信息对称的"大药房"的时候，我们开始建立的是一家"医院"，不断在新的"科室"找到最专业的"医师"来坐诊，这是商业模式和运营模式的"原始性创新"。

对于世界工厂网的商业模式来说，按照效果付费本身不是原始性创新，但找到撮合交易中可行性的收费点才是"原始性创新"。世界工厂网的收费点是：精准访客（即判断一个产品的有效访问）、询盘（即判断一个产品产生的有价值询盘）、交易额（即交易完成后，这笔交易的额度），它们是商业模式中的"原始性创新"。

此外，要想从会员费模式过渡到按效果付费模式，最关键的问题就是能够把供应商的互联网营销效果进行量化。而对于供应商来说，从自己发布产品或企业信息，到被浏览、被咨询、被下单直至最终成交，都是实实在在的效果。而传统的互联网平台，追踪这些效果非常困难。世界工厂网技术团队潜心研究，成功实现了对供应商发布产品浏览量的精确追踪，过滤掉无效的访问后，每一个有效的访问者都能被统计；同时，针对产品的咨询、在线客服的对话、手机拨打等联系过程，也用技术手段，完美实现跟踪和回溯。这些技术，是在辅助世界工厂网商业模式的前提下，所做的"原始性创新"。

最后，通过整合和优化价值链，使市场和订单的吸引力最大，能立刻吸引到大量的用户，所以电商平台是世界工厂网的切入点，可以吸引大量的企业用户使用世界工厂网。在这一步完成后，这些用户自然就会进一步使用世界工厂网第二个层次的应用。有了最初产品的落地，接下来可能是有着极强规划能力的产品和技术所积累的应用或者中间件产品，这些强悍的应用或者中间件产品，能够与新一代 B2B 电子商务平台很好地结合，这些落地后的应用或者产品，仍是"原始性创新"。

6.2　价值共创中的利益相关者

6.2.1　传统价值链的采购商和供应商

所有服务工业品采购的电商平台，其服务主体一般为交易的双方，即采购商和供应商。在供需关系中，采购商和供应商的细分需求可能成千上万，一个工业品采购电商平台，要想提供优质的服务，必须明确自己的业务范围，针对性地满足采购商和供应商的核心需求。

在工业经济时代，采购商的价值需求比较单一，而智能制造业的发展正处于上升的繁荣期，传统的线下采购方式包括信息查询、实地考察、询价商谈、签订合同、物流配送、支付售后等环节，这些环节都是采购商的核心诉求。但在技术不够发达、B2B平台的诚信体系没有建立起来的情况下，必须依赖线下进行。在这种卖方市场下，以营销和推广为主的传统模式虽然主要的服务对象都是针对供应商，但也足够应对当时的采购需求。可以说，10年前的商业环境与B2B的核心诉求者是供应商。

早期的B2B平台核心用户为供应商，推广和曝光自己的产品是他们的主要需求，而B2B平台正好契合这一需求。B2B平台的存在，让供应商有更多的方式拓宽自己的渠道，同时，及时沟通可以让供应商在生产管理、处理积压库存、改善仓储周期等方面进一步优化效率。相比采购商搜索信息的需求，供应商的需求能更好地被B2B平台满足，且只用按照时间（一般为一年）缴纳一定的会员费即可，本着谁的需求谁来买单的前提，早期的B2B平台供应商更愿意掏钱。现在电商平台发展的趋势从会员费模式在向效果付费模式进行转变，是市场竞争、技术成熟后的一个必然趋势。这也是世界工厂网把主要服务目标定位成采购商的原因。

随着互联网步入网络现代化与高度信息化，市场逐步开放并趋于成熟，商业竞争的激烈程度进入前所未有的高度。在这种情况下，各种B2B平台相继崛起，供应商的选择日益多样，B2B逐渐整合和过渡为B2C或者C2B等模式，同时将在线支付等功能融入电子商务平台发展中，供应商的核心需求能够被更好地满足。我们更应该看到，B2B电子商务平台的飞速发展，背后隐含的是中国制造业的崛起与成长。随着生产能力的增加，供应商间的竞争日趋激烈，信息流的效率在满足商业需要的前提下，供应商的竞争不单纯是推广渠道和信息间的竞争，而是需要想方设法提升自身产品的核心竞争力、提高服务质量、为不同需求的采购商提供定制化的服务，B2B交易已经逐步由卖方市场转为买方市场。对于采购商来说，更多的选择意味着市场的良性竞争，B2B信息传播层面的优势不复存在，未来的竞争是服务的竞争，通过服务紧紧抓住采购商。因此，电子商务的服务对象已经从供应商转变为采购商。

在市场日趋成熟，互联网逐步渗入各行各业的今天，B2B平台的业务重心和服务中心应该是最大限度保证信息对称，通过原始的信息对称建立基于平台的诚信体系，建立交易秩序，引导交易双方公平竞争。在这些都做好的前提下，才有可能基于行业、地域、市场规模特点等为采购商提供定制化服务，这个新的服务代表了采购商的核心诉求，是与通过缴纳会员费获得推广收益的供应商的需求相冲突。所以，未来的 B2B 平台的服务主体一定会由供应商转变为采购商，这是随着市场的发展和成熟，所要达到的必然阶段。

服务主体的转变，与市场的开放程度及经济的发展有密切关系。为什么在 B2B 平台最蓬勃发展的阶段，大家都是为供应商服务？这是与当时市场开放程度、经济发展状况和互联网技术的发展情况相符合。在人们不能很好地解决信息不对称问题的情况下，市场的开放程度必然受到限制，解决信息不对称的问题是供需双方的首要问题。而随着市场的发展，技术的革新，供需双方的首要问题由解决信息不对称性变为对产品质量、服务品质的追求，此时沿用以往解决信息不对称性时的商业模式已经无法匹配当前市场的发展。可以说，随着市场的成熟和技术的进步，B2B 平台服务主体的转变是经济发展的必然结果。

生产商、各级经销商、零售商等都是传统意义上的"卖家"，这些卖家通过互联网，可以轻易推广和曝光自己的产品。而互联网可以轻易跨过时间、空间的限制，海量的买家和卖家可以通过互联网迅速建立联系，通过高效的信息交换进行商业行为。同时代的互联网，仍旧处于 Web2.0 时代，互联网的技术壁垒非常高，专业型技术人才少且水平参差不齐，大部分企业因为人才匮乏无法快速有效地开展互联网营销。技术壁垒成了传统企业进军互联网的最大难题，而大多数的企业，无法突破这个难题。在这种情况下，B2B 平台的兴起，正好解决了企业在这方面的需求。企业只需要缴纳少量的会员费，就能将自己的产品信息、企业信息发布到网上，快速获得曝光。B2B 平台收取的费用，相比企业自行组建互联网营销团队、自行推广的成本要低得多，所以在那个时代，中小型企业使用 B2B 平台是高效的。

Web2.0 时代是双向互通的时代，互联网作为一个工具，满足了人们对效率的追求。搜索引擎的崛起，即是那个时代的典型产物。同理，B2B 平台通过解决信息不对称，极大地降低了供应商对推广和营销的需求，这正是当时市场的主要需求。如果我们把 Web2.0 时代的 B2B 平台称为传统平台，那么传统 B2B 平台服务于供应商的模式，其实就是 Web2.0 发展所必须经过的过程。

而新的市场环境下，传统模式就显现出了它的局限性：随着互联网的发展，互联网一步步被大众所接受，信息的爆炸和技术的飞速发展，导致互联网技术的入门门槛越来越低。与此相对应，通过互联网技术进行营销的企业有了更多的选择。这个时候互联网红利开始爆发，大量的技术人员涌入这个领域，一个企业可以用相对低廉的成本组建自己的技术团队，脱离于 B2B 平台进行营销与推广。例如，除了 B2B 平台外，企业可以自建网站、行业论坛、通过 SNS 等社会化媒体进行营销、通过搜索引擎竞价进行营销，甚至可以通过微信朋友圈的转发及维护自有品牌的微信公众号来进行推广并获取效益。

所有这些新营销模式被人们所慢慢接受的过程中，市场逐渐趋于成熟，信息不对称的问题已经不再是主要的限制问题，一个企业进行"自我营销"的成本，甚至要比使用 B2B 平台更加低廉，传统 B2B 平台的核心竞争力已不复存在。在这种情况下，企业开始关注并改善自身产品的性能，以及提高产品的可用性。业内顶尖的企业甚至开始思考产品在客户的价值系统中如何更多地创造价值。因此，传统的解决信息不对称的商业模式，已经开始渐渐没落和衰退。

在传统的 B2B 商业模式中，企业推广和曝光自己的产品是主要需求，而 B2B 平台正好契合这一需求。为了完成这个目的，他们更加愿意作为价值链中的一个受益者而付费。一个企业可能是生产厂家、代理商、经销商、贸易商，但他们都不是真正的价值终端，而真正的价值终端是采购商。那么，在 B2B 平台蓬勃发展的时候，所有的平台都在通过收取会员费的模式为供应商进行服务，这样做与我们现在讨论的服务采购商的结论并没有冲突。

随着传统 B2B 平台的逐渐衰落，为采购商服务的概念逐渐萌发，B2B 平台需要经过全面的转型。曾经给供应商提供的会员特权、展示宣传等服务并不能直接对采购商产生益处，但是通过以上这些服务的相互配合和长期运作，传统 B2B 已经成功建立了自己内部的诚信体系并且形成了供应商的优劣层次，这对采购人员使用平台挑选供应商起到了很好的辅助作用。传统 B2B 平台将供应商管理、诚信体系做得比较好，能够更快转换思路为采购商服务，之前已经提供的服务虽然跟采购商没有直接关系，但是仍旧有间接的辅助作用。就好像机器上的飞轮，在运转的时候因为本身质量很大，很难停下来。但是为了使飞轮从静止开始转动，刚开始推动的时候会非常费力，飞轮只会缓慢转动，但达到某一临界点后，飞轮的质量带来的惯性会成为推动力的一部分。这时，只需要很小的力量，就能使飞轮持续不停地转动。服务供应商，恰恰是让 B2B 平台进化及良性运转的飞轮转动的第一圈。

6.2.2 新一代 B2B 平台中的利益相关者

在工业品采购过程中，采购商、供应商和电子商务平台形成了一个良性运转的价值网络。世界工厂网创新性地引入行业运营商的概念，通过运营商的专业化运作，成功优化工业品采购的价值网。在工业品采购的价值网中，每一个角色都在其中发挥自己的价值，让自身形成价值网中的一个节点。采购商通过电子商务平台获取供应商发布的信息，行业运营商给采购商提供专业服务，监督并管理供应商、最终撮合双方成交。

让我们站在真正服务者的角度思考一下，为采购商服务的电子商务平台，都需要做什么。当采购商明确需要购买一台"破碎机"时，在诸如阿里巴巴等电子商务平台搜索，要比直接在百度等搜索引擎搜索效率更高。因为搜索引擎提供的是通用的结果，除了破碎机的产品和企业，还有可能搜索到破碎机的定义、破碎机的科普文章、新闻等内容。相比之下，电子商务平台因为是聚合了产品和企业的信息，其与搜索引擎相比优势就可以体现出来。但是当采购商的采购需求更加具体，比如需要某个地区、某个品牌、某个型号甚至某些具体参数的破碎机时，电子商务平台服务的瓶颈就显现出来。它可以提供产品和供应商的信息筛选，但是更加精确和有价值的信息，是碎片化存在的，这无疑给采购商增加了使用成本。工业品的采购需求，并不像消费品一样，足够明确，可量化、有统一标准，它更像是一个病人的疑难杂症，需要针对具体的情况进行分析，这些就是采购商在工业品采购中的隐性成本，它也是信息不对称性造成的。这时就需要一个"医生"的角色，给采购商对症下药，这个"医生"就好像行业的专家一样，根据采购人员的实际情况，分析大量的数据，找出最适合的企业、产品，服务采购商。这个行业专家，就是行业运营商。

另外，需要采购破碎机的采购商，如果同时提供给他黎明重工的官网与阿里巴巴，在两者都能搜到破碎机的前提下，很多采购商都会选择使用黎明重工的官网。原因有两个方面：一是一个单一的品类网站，在用户采购需求明确的前提下，能够比平台类网站提供更好的浏览体验。二是因为黎明重工是破碎机行业的专家，对服务采购商有丰富的经验，可以对破碎机采购的时效、结款、物流等问题提出适合的解决方案，能够让采购商获得更加优质的服务。

我们做一个假设，如果黎明重工的网站上有世邦公司的所有破碎机产品，那么对于采购破碎机这一行为来说，这个包含黎明和世邦所有产品的网站，也依旧比阿里巴巴在服务上更有优势。我们据此做一个延伸，把中国所有生产破碎机公司的产品都聚合到一个网站上，并且提供不输于黎明的服务，那么当采购商要采购破碎机时，这个破碎机网站一定比 B2B 平台更有优势，它可以在解决信息不对称的前提下，深入这个品类的采购特点，给采购商提供针对行业的定制化服务，而这些是服务项目严重同质化的 B2B 平台解决不了的。

因此，为了提升服务的质和量，我们需要做到"专注于某个行业单品，针对行业特点进行服务。"而要想专注于某个行业，必须要让非常懂得行业规则的人来做。一个平台是没有能力把各个细分行业规则都摸透的，这也是信息流和资金流没法达到的高度。在这里，技术已经不能解决全部问题，平台必须有一个非常了解细分行业市场、懂得某个品类商业规则的团队介入，才能够做到"专注于某个行业单品，针对行业特点进行服务。"而这个类似于行业专家一样的角色，就是我们的行业运营商。

行业运营商是世界工厂网发掘各行业具有丰富传统经验的专家、团队、企业，通过世界工厂网在线采购平台为采购者提供专业的咨询和指导服务，从根源上解决采购商在生产、配套等环节的问题，提供最优的产品推荐和解决方案。作为一个运营商，他们的主要职责有四点：一是招商筛选，挖掘、审核、签约行业内的优质供应商；二是信息审核，审核产品、企业等信息，把控行业内企业及产品信息的专业度；三是业务服务，处理采购咨询、推荐优质产品、处理订单等；四是采购挖掘，挖掘行业需求，为采购商提供具有高度价值的内容。这些职责保证了运营商的介入能够在单个行业下更好地服务采购商。

行业运营商的介入，能为该分类下供应商提供三个方面的服务：第一，行业运营商为采购商提供了专业咨询和指导服务的同时，还能直接提升供应商询价产品的成单转化率，这扭转了部分供应商在推广时面临的"有访客、无成单"的局面，在供应商推广转化的重要环节提供有效助力。第二，行业运营商能为供应商的信息展示和内容输出提供指导和监督，被行业运营商监管的供应商，每一条产品的发布都需要经过运营商专业人员的审核，满足标准后才能得到展示。这样的机制也确保了供应商产品展示的整体质量，同时运营商也会根据行业经验调整分类及相关属性，让供应商在产品发布环节享受更专业的引导。第三，运营商通过运营数据会制作相关的推广专题页，同时为这一类高质量的专题聚合做相应的引流策略，确保供应商能够实现更好的推广效果。

在传统的供需关系中，一旦引入了行业运营商这个角色，将能极大提升采购商获得的服务质量。其原因有三个方面：第一，信息不对称性的问题能得到最大程度的解决，由于运营商一定是对某个行业有充分了解的人，能够非常精准地把握该行业采购过程中的关键信息，并且及时将这些信息更新到网站。比如，铸件类的采购人员可能会非常关心供应商的生产工艺、控制工艺、研发能力和质检水平，如果运营商能够精准把握这些需求并将相应的信息提前展示在网站，那么一定会比其他 B2B 平台单一展示企业信息和产品信息效果好得多。第二，传统电商中的诚信问题能够通过运营商运转得更加良好。我们知道，在电子商务领域，诚信体系的建立非常重要。现在人们去淘宝、京东等消费品电商平台购买东西的时候，除了查看产品介绍外，重点关注的信息可能就是其他用户的成交记录、评论和晒单内容。在传统的 B2B 平台，供应商信用的积累可能基于的是会员购买的时间（如阿里巴巴的诚信通会员）以及可能基于在线支付的成交记录（如淘宝、天猫的评价体系）。而对于工业品来说，除了非生产型原材料，其他大部分的产品都属于价格昂贵、采购周期长、采购过程定制化严重的品类，而针对这种特点的采购过程，是没有办法通过在线交易来实现的。另外，类似阿里巴巴诚信通会员的信用体系，只能说明一个供应商针对 B2B 平台缴纳会员费的行为是"诚信"的，并不能有效证明在与采购人员交易的过程中，能够保证供应商的诚信度。与之相比，新一代的 B2B 平台，通过按效果付费，即撮合交易来赚取利润，能够牢牢把控"交易"的过程，而根据"交易"过程最能直接反映供应商的诚信度。所以结合了运营商的新型 B2B 电子商务平台，能够比传统的 B2B 平台建立更好的诚信体系。第三，通过运营商"专家"这个角色，可以帮助采购商解决大量"商业"层面的问题。对于采购额度巨大、采购周期长、采购过程和支付过程复杂的工业品类采购，例如一个采购商从开始寻找供应商到完成采购，需要获得的各类信息是100%，那么传统的 B2B 平台提供的信息和服务，只会解决其中的 20% ~ 30%，剩余的部分，需要采购商与供应商线下面谈、实地了解。B2B 平台带来的采购效率的提升，可能就是原先需要在线下全部完成的采购行为，现在可以在网上完成其中的 20% ~ 30%。而对垂直行业有足够了解的行业运营商，有能力提升这个比例，可以把原先需要在线下完成的部分，转移到线上进行解决。原先在线上只能解决的 20% ~ 30%，通过运营商甚至可以解决到 40% ~ 60%。

我们用"铸件"这个品类的采购过程来举例。铸件是各种用铸造的方法获得的金属成型物。把冶炼好的液态金属，用浇注、压射、吸入或其他浇铸方法注入预先准备好的铸型中，冷却后经打磨等后续加工手段，所得到的具有一定形状、尺寸、性能的物件即是铸件。铸件主要用作机器生产中的毛坯，因此在机械产品中占有很大的比重，可以说是工业品采购中非常重要的一类采购商品。由于使用行业非常广泛，铸件类的采购有定制化的特点，采购商在选择供应商的时候，一般会详细考察供应商的加工工艺、研发能力、质控手段和曾经供货的行业，这几项内容在很大程度上影响采购经理的最终决策。但是普通的铸件供应商，可能并不知道或者不会主动把这些信息展示出来。但自从有了行业运营商，就可以通过行业运营商要求供应商，在铸件这个品类下充分展示这些主要信息，可以大大提高采购商的决策效率。

6.2.3 利益相关者参与价值创造

新一代 B2B 电子商务平台价值创造方式是价值生态系统的价值共创共享方式；其价值创造主要通过"信息对称＋信息挖掘"、"网络效应＋平台融合开放"以及"协同竞争＋增量收益"三种方式来实现；新一代 B2B 电子商务平台的发展能够实现多方共赢并构建产业生态圈。而价值生态系统中的每个角色，都同时是付出者和受益者。一个价值网络先进与否，不能只看利益相关者从中获取多少利益，还要看他们能否以共赢的心态为彼此创造价值。

通过对运营商的引入，既提升了采购的体验，又获得了更好的服务。而且由于供应商不再是经销商，采购商可以直接面对生产厂家，从源头解决了信息不对称的问题。运营商的存在，也可规范一个行业的市场，消除和避免行业中的不正当竞争、恶意垄断等行为，供应商们只能通过产品质量和服务品质来争取自己的市场份额。有能力的运营商，甚至能解决一部分行业的灰色问题，让采购人员能够面对一个更加开放、成熟和完善的市场。

在传统的收会员费模式中，供应商可以通过缴纳会员费或者额外购买广告位提升自己的曝光度，获取询盘以达到成交，但随着时间的推移，互联网技术在不断发展，供应商会面临两个问题：一是 B2B 平台类服务竞争日趋激烈，在单一平台上投入产出比不乐观，固定缴纳会员费后，带来的效果越来越差。二是信息传播变得更加便利，想营销自己不必再局限于 B2B 平台，通过自建平台、社会化营销等渠道进行营销，其投入产出比甚至比 B2B 平台更好。

通过付费、建站、发产品，就能获得效益的时代已经一去不复返，粗放的营销手段不再适应快速发展的市场，供应商需要细化自己的营销预算，提升营销的投入产出比。而按效果付费正是顺应了这一趋势，能够帮助供应商以最小的成本达到营销目的，通过这种方法，让供应商提高自身的效率，迎接残酷市场竞争的考验。

在传统的 B2B 电商平台，没有运营商这个角色，他们只能通过行业协会甚至自己开发平台的方式发挥价值，而互联网的技术壁垒又限制了他们的发展。新一代的 B2B 平台，例如世界工厂网的商业模式，给了运营商以施展拳脚的机会。

对于一个平台来说，在激烈的市场竞争中生存下去是首要任务，追求利益的最大化是发展的基础。世界工厂网模式由于引入了行业运营商，通过采购商、运营商、供应商三者的关系网，各自从中获取利益。通过解决这三者的关系网中的信息对称问题、资金流问题、诚信问题、技术问题等，世界工厂网平台能够为三者带来相应的价值。在这个过程中，世界工厂网平台从中赚取利润，但是从长远来看，获得利润绝对不是世界工厂网的终极目标。将采购会员、供应商、运营商三者有机地结合起来，根据互联网发展的趋势，让采购商、供应商、运营商共同成长，让交易行为成熟，从而促进社会的发展，这才是世界工厂网的最终目标。

6.3　新工业文明时代的大规模个性化定制

新工业文明时代的价值创造还体现在人本经济的个性化大规模定制上。个性化定制（DIY）是英文 Do It Yourself 的首字母缩写，原指用户利用体验策划者提供的原材料和技术，自行设计、制作和享用产品的全过程。互联网时代，个性化定制大多是应用于信息传播层面，受众参与信息甚至是产品的生产过程，并获得个人定制的、带有强烈个人属性的信息或产品的行为。

以创新为核心动力的互联网，从来不缺乏全新的创意。用户的个性化需求推动了企业的个性化创新，而企业的个性化创新又带动了整个市场的个性化需求，个性化定制的服务目前已经成为互联网的常态。百度、谷歌等搜索引擎经过对用户行为的分析，推出个性化的信息推荐和广告展示，社会化媒体（如微博）也通过对用户的行为分析，为其推荐感兴趣的话题、人物等，新闻 APP 如"今日头条"，更是打出了"你关心的，才是头条"的口号，个性化定制几乎无处不在。

6.3.1　手工生产与个性化生产

传统手工生产与其所赖以生存的技术相联系，从文化的整体性来说，自然环境的影响十分突出，而技术也常常是为了更好地适应环境，与环境相融合。随着工业文明的发展，人工物质环境的增加，隔断了人与环境之间的密切联系。工业文明为我们带来了标准化、机械化，这些产品不断深入我们的生活，人们每天面对标准化的、一模一样的工业用品难免感觉缺乏温情，体会不到人性，手工制品天然的缺憾变得珍贵起来，个性化的产品在文化多样化的价值上得以集中体现。

任何一种产品文化都是人们长期行为积累的结果和主体的修养，它使用的制作手法、习惯在个性化生产的过程中都会有不同程度地投射，这也是不同文化产物的根本。如山西剪纸和陕西剪纸由于主体的修养不同，剪纸过程中留下的个性化痕迹也具有很大的区别，分别形成自己的文化特征。同样是景德镇的泥土，国外陶艺家与中国陶艺家制作出迥然风格的陶艺作品。而正是由于这些设计主体个性化的差异性特征构成了人类丰富多彩的文化。

6.3.2　大规模定制

传统企业也成为个性化定制的蓝海。在美国，至少有 25 个行业的数千家公司通过互联网面向全世界推出了个性化定制的服务。从住宅装修到家居家电，从服装到玩具，甚至是汽车，可以说是应有尽有。

1970 年，托夫勒（Alvin Toffler）最早在《未来的冲击》（*Future Shock*）一书中提出了大规模定制的思想。在《完美的未来》（*Future Perfect*）（1987）一书中，斯坦利（Stanley Davis）首次使用了"MASS Customization"（译为"大规模定制"和"大批量定制"）一词。尽管各国学者对于大规模定制有不同的认识，但综合而言，可以将大规模定制分广义和狭义两种情况进行理解。广义上的大规模定制，是指完全意义上的大规模定制，其代表人物是斯坦利和托夫勒。将大规模定制定义为：一种可以通过高度灵敏、柔性和集成的过程，为每个顾客提供个性化设计的产品与服务，来表达一种在不牺牲规模的情况下，以单件产品的制造方式满足顾客个性化需求的生产模式。狭义大规模定制的代表学者将其定义为一个系统，认为大规模定制系统可以利用信息技术柔性过程和组织结构以接近大规模生产的成本提供范围广泛的产品和服务，从而满足客户的个性化需求。

中国学者也对大规模定制的概念与特点进行了有益探索，认为大批量是指生产产品的批量大，定制是指根据客户的特定需求提供个性化的产品和服务，大批量定制是一种综合考虑市场环境的影响和客户个性化需求的现代化大批量制造模式。也有人解读为：大规模定制就是以大规模生产的成本和效率，结合企业的自身能力，即大规模地定制能力，为单个用户或多品牌多需求的市场定制任意数量产品的一种生产能力和模式。概括地说，大规模定制的特征是：以用户需求为导向，结合现代信息技术和柔性制造技术为支撑，以模块化设计、零部件标准化为基础，以敏捷为标志，以竞争合作的供应链为手段。因此，可以将大规模定制看作是"工业4.0"的核心理念。

6.3.3　"互联网＋"大规模定制

以互联网为中心的信息技术革命，正在加速重构我们所存在的物质世界。现阶段，大规模定制的主要实施路径是互联网。但互联网的出现和普及给用户带来了大量的信息和数据，充分满足了人们对信息的需求，但同时也带来了信息超载的问题。信息超载是指过量的信息同时呈现，反而淹没了对用户来说有益的信息，使得用户使用信息的效率大大降低。

目前以搜索引擎为代表的信息检索系统与推荐系统是解决信息超载问题的两种主要方法，但两者有很大的区别。搜索引擎主要通过用户提供的关键字为用户过滤信息，虽然他们在帮助用户获得网络信息方面发挥了极其重要的作用，但这些工具只满足了主流需求，没有实现个性化的服务，因此仍然没有很好地解决信息超载的问题。

如何根据用户的特定需求、兴趣偏好等，为用户个性化地推荐其迫切需要的信息与产品，成为不少企业的难题。企业必须认真研究用户的行为轨迹，获得他们的需求、兴趣偏好等信息，进行个性化的数据处理计算，并最终发现用户的需求点与兴趣点，引导用户看到自己的需求。因此，企业需要做的不仅仅是提供个性化的服务，更重要的是如何与用户建立长期、密切的联系，让用户产生黏性。

目前，个性化的推荐系统在很多领域都得到了广泛应用，电子商务领域尤为明显。在工业品采购平台世界工厂网上，就有一套个性化的推荐系统。每一个登录世界工厂网的采购经理都会获得平台内行业专家的咨询服务，而这个服务就是针对采购经理的需求来定制的。

不同于消费品，工业品领域标品占据很小的一部分，非标品是市场主导。而工业品采购本身就有个性化的属性存在，这也决定了个性化需求是工业品采购能够得以实现的前提。在世界工厂网上，采购经理发布需求后，行业专家会对采购需求进行分析，包括产品的类型、型号要求、预算等，进而给出最合适的报价方案，并推荐不低于10家的供应厂家供采购经理挑选。

这种个性化的定制服务，在采购经理浏览世界工厂网并留下采购需求后，能够借助平台和行业专家的共同努力，尽可能满足采购经理的采购需求，这使得从平台到行业专家再到生产厂家，每个环节都在使世界工厂网的采购会员享受到"唯一客户"的感觉。其创新之处在于使得电子商务尤其是 B2B 平台主动适应并处理每一位用户的特定需求，并且帮助他们营造个性化的采购体验。

6.3.4 长尾经济理论在个性化定制中的应用

个性化定制的出现，使得原本不是"主流"的商家和用户获得了更畅通的供需渠道，长尾经济理论得到了充分的利用。

长尾理论，是网络时代兴起的一种新理论，由美国人克里斯·安德森在2004年提出的。长尾理论认为，由于成本和效率的因素，过去人们只能关注重要的人或事物，即人们只能关注长尾曲线的头部，而忽略处于长尾曲线尾部的需要更多的精力和成本才能关注到的大多数人或事物。

获取信息的成本在互联网时代被大大大降低，受众完全可以以非常低的成本去充分关注到以往难以获得关注的"尾部"，关注"尾部"产生的效益即有可能超过"头部"。长尾理论的基本原理是，只要存储和流通的渠道足够大，成本低、需求不旺或销量不佳的产品所共同占据的市场份额，可以和那些少数城市畅销产品所占据的市场份额相匹敌甚至更大。长尾理论的出现被看作是对传统"二八定律"最大的叛逆。与传统的"二八定律"相对应的是大众化的、广泛化的需求，而与长尾理论相对应的则是更大体量的小众化需求。

"存储和流通的渠道足够大"是长尾理论的前提，而互联网则非常有效地保障了这一前提的实现。其原因有三个方面：第一，互联网不受时空的限制，这是传统经济体不具备的优势。例如一家大型批发市场的覆盖面比较局限，少则几十公里，最高能达到几百公里已是非常大的影响力了。反观互联网，因为是一个虚拟的空间，无论什么产品，无论供需双方的距离有多远，随时随地都可以完成采购行为，从而大幅度提升资源的利用率。要想在互联网经济时代成功地将长尾经济落地，企业需要做的功课有很多。第二，因为企业产品数量多，能够形成一定体量。同时，用低价吸引消费者关注长尾，即以实惠的价格建立独有的竞争力，并吸引用户将关注点放到长尾上。第三，帮助客户发现产品，长尾公司的利润主要来自长尾部分，但这并不否认长尾公司也会出售一些与时尚同步的商品。如亚马逊就同时顾及主流商品和非主流商品，公司可以利用主流商品吸引顾客，将非主流产品与同类的主流商品同时向消费者推荐，从而将顾客引向长尾公司，顾客可以根据自己的偏好在这一长尾中探索。长尾公司以较低的价格取得大量的浏览量和订单，吸引大量消费者的访问和购买，从而在消费者中形成良好的口碑，形成品牌。

第7章 新工业文明时代的价值传递

在经济学中，价值是商品的一个重要属性，它代表该商品在交换中能够获得多少其他商品，价值通常通过货币来衡量，也就是我们熟悉的商品价格。商品价格是商品交换价值的体现。根据新古典主义经济学理论，商品的价值就是该物体在一个开放和竞争的交易市场中的价格。因此，价值主要决定对该商品的需求，而并非供给。一个物品只有在商品流通中，其交换价值才能得到体现。使用者（用户）购买商品是为了获得商品的使用价值。在商品流通过程中，其交换价值根据市场需求发生变化，实际上使用价值并没有发生改变。而用户需要获得的是商品的使用价值，任何交换价值的增加，只是使他们付出了更多的代价。因此，让用户以最接近使用价值的价格购买到商品，才能得到用户的青睐。减少商品流通环节，让商品在传递过程中更好地保有其使用价值，这正是世界工厂网的目标。

7.1 "去中介化" 的价值传递

商品的流通过程，也是其使用价值的传递过程，而价值的传递是通过各类渠道完成的，在这一过程中，核心企业需要协调与合作伙伴的关系，把各方资源转化为顾客价值并传递给顾客。

7.1.1 工业经济时代的"渠道为王"

渠道一般情况下是指水渠、沟渠，是水流的通道。在现代商业领域，商品的流通路线也被称为渠道，全称为分销渠道（Place/Chanel）。厂家的商品通过一定的社会网络或者代理商，卖向不同的区域，以达到销售的目的。这些社会网络和代理商，被称为渠道商。商品从生产者到用户之间的流通过程，是在渠道中完成的。渠道中的各个成员之间，会产生四种业务流，分别是信息流、商流、物流和资金流。信息流是指销售过程中产生的信息，如询报价信息、用户反馈信息或者厂家促销信息等。而渠道成员逐次往上一级订购产品，到厂家时形成批量订单，这就是商流。商品从出厂到最终送达用户手中，这期间商品实物的流动就是物流。整个供应链中的资金流动产生了资金流。正是这四种业务流将各成员紧密联系在一起，成为渠道。

渠道作为营销活动的主要途径，有着天然的优势，对于一般消费品以及大多数工业标准品来说，通过渠道间接分销是最好的选择，其优点有三个方面：第一，渠道商对区域市场十分了解，往往有着成熟的客户资源和销售终端，在产品的推广和市场的开拓方面，使企业的产品能够快速占领市场，迅速被客户认可。第二，可以使企业降低运营成本，将推广和销售交给更加了解市场的渠道商来做，渠道商还承担着销售过程中的物流仓储费用，承担着推广和销售方面的人力和物力。对于代理商，企业只需要按照合同规定支付佣金，对于经销商就更简单，在进货时，商品所有权已经转移给经销商，如何将产品卖出去就由经销商自己支配。第三，渠道可以使企业降低市场风险。在企业不熟悉的市场里，如果企业自身贸然进入，就会面临很大的风险。

然而渠道的缺点也十分明显。例如，层级较多时，信息传递效率低，企业收集信息不全面，无法及时了解消费者的意见，也无法高效进行产品和营销改进，以更好地满足用户的需求，从而失去快速响应市场的能力；企业对于渠道缺少必要的把控能力。

一般而言，一个商品的价值实现可以划分为生产阶段和流通阶段，而所产生的利润必须要在制造商和渠道商之间进行分割，利润分割的比例取决于双方的议价能力和博弈策略，而议价能力起到了决定性作用。在产品供不应求的时候，厂家占据着绝对优势，渠道基本上没有话语权。

苹果科技公司就是一个比较典型的案例，苹果公司主打产品的 iPhone 手机，由于其出色的性能和优良的用户体验，在年轻人中备受推崇，每年发布的新款 iPhone 手机都有成千上万的人排队购买。在这样的情况下，苹果公司对渠道的把控可谓异常严格，在苹果发布新产品之前，渠道商虽然已经拿到了新的产品，但不能泄露任何有关的信息，如有违反，将会失去销售授权。但由于其产品十分畅销，尽管规定如此严苛，渠道商也不得不答应这样的要求。

如果产品供求平衡，厂家还可以通过长期以来形成的品牌掌握主动权，渠道商也会帮助厂家销售产品；在产能过剩、商品同质化竞争严重的情况下，因为渠道掌握着市场供需关系，所以谁拥有了渠道，谁就拥有了市场。尤其是在市场竞争激烈的情况下，渠道商的话语权更加凸显，更有甚者，渠道商可以掌握生产厂家的生杀大权。而生产厂家为了生存，也不得不让利给渠道商。加多宝就是一个很典型的例子。当年的王老吉席卷全国，造就了一个销售神话，在与广药集团决裂之后，被迫换名加多宝。多年经营的王老吉品牌一夜之间成了自己最大的竞争对手。但其销售并没有受到太大的影响，现在我们能够买到的凉茶仍是以加多宝为主，而王老吉却并不多见，这就是渠道的力量。虽然失去了广为人知的品牌，但原有的销售渠道还在，依然能够占领市场，一流的营销加上一流的渠道，让竞争对手的品牌看得到却买不到，想喝凉茶，依然会选"还是原来的配方"的加多宝。这个案例充分说明了渠道对品牌的制约，即使有了金字招牌，销售渠道却被竞争对手把控，到最后仍然是占据被动地位。

可以这么说，如果生产厂家不是强势，那么其产品销售一定会被渠道把控，自己生产什么产品、卖什么产品、价格多少，差不多都是渠道说了算，作为企业主，最后变成了渠道的打工者。而对于消费者来说，虽然自己是最终的购买者，但是可购买的产品，都是渠道商提前筛选过的，自己可选择的产品并不多，甚至可以说是完全掌握在渠道手中。

7.1.2　互联网时代的"去中介化"与"再中介化"

近些年来，随着互联网技术的飞速发展，万物互联（IOE，Internet of Everything）正逐渐成为现实，同时带来的是销售渠道的重大变革。依托于互联网的电子商务，企业可以最大化地利用互联网资源，通过电子商务，企业所产生的交易可以不受时间和空间的限制，直接面向最终用户，缩短了供应商和市场之间的距离。这种近似于直销的模式提高了供应商对于市场的敏感度，也对购买者的趋势有了更好的预期能力。在这个过程中，供应商只需要通过电子商务平台发布商品信息，购买者就可以通过平台直接了解商品，从厂家购买。在去掉了中间环节的附加成本后，商品的价格也会因此接近出厂价，对于购买者来说，这种方式节省了成本，提高了商品的性价比。对于供应商来说，本身的利润并没有减少，甚至还会有所增加，更重要的是价格优势在市场上会直接转化为竞争优势，更益于抢占市场份额。同时，由于没有其他中间商，企业可以直接获悉到客户的需求，便于为客户提供可定制化的产品，进一步提高企业的产品竞争力。

在互联网去中介化成为主流的同时，我们不难发现，中介并没有因此彻底消失，恰恰相反，中介正在以另一种形式出现并逐渐发展。在互联网飞速发展的时代，电子商务的门槛大大降低，无数企业争相加入，产品信息和企业信息呈几何级数增长，用来处理无用信息的成本也随之增加，于是交易环境变得更为复杂。其原因有三个方面：一是网络信息过载。互联网信息泛滥，用户需要花费大量的时间和精力进行信息过滤，才能找到自己想要的信息。二是互联网没有实现绝对的信息对称。互联网一定程度上实现的是信息源的对称，用户有更多的机会接触到产品，但是它没有办法实现产品自身价值与价格的完全匹配。三是信用担保。由于网络的虚拟性与物品流转的滞后性，网上交易中存在着各种各样的风险。比如卖方提供了质量低劣的产品，或者买方收货后拒绝付款。出现这些风险的原因是没有一个可以让交易双方都信赖的第三方做信用担保。

基于此，市场仍然需要一个中介来处理垃圾信息，为买卖双方做信用担保等工作，所以中介不仅不能消失，而且还要以新的形式出现。这个过程称为互联网的"再中介化"。

7.1.3　IOE 时代下的渠道进化

人们之所以依赖互联网，究其原因，就在于互联网使得信息变得透明，人们获知信息的能力得到了增强。就购物来说，在互联网兴起之前，人们购买商品就要去商场，只能从商场出售的货品中挑选，而且对于产品的好坏，我们根本无从得知。有了互联网，人们购物之前，就会先从网上查找自己想买的产品，对于该产品的使用体验、质量好坏、注意事项等，基本上都能查询到。这极大地影响着人们购买前的决策。对于产品来说，一个差评就有可能失去众多的互联网用户，而互联网则成为重要的营销和购买渠道。互联网在改变人们消费习惯的同时也造就了新的销售模式。对于消费者来说，购物渠道正在由传统单一渠道向全渠道改变。越来越多的企业在保持原有销售渠道的基础上增加了电商渠道，通过互联网直销自己的产品，通过多种渠道向消费者提供产品和服务。

传统企业利用好互联网思维的关键就是从以销售和渠道为中心转向以用户为中心。互联网解决了供求双方信息不对称的问题，用户购买产品时，已经不再是对产品一无所知，相反，互联网上有大量的已购用户会对产品进行评价。一些同质化产品的细微区别都会被放在互联网的放大镜下，被所有用户评判。同时，互联网带来的还有更多的竞争对手，在传统渠道的模式下，企业只需要把控好渠道，尽量减少渠道中其他竞争对手的产品，即可达到占领市场的目的。而互联网由于没有地理空间的限制，所有的产品都会放在网上商城，用户们可选择的产品是传统渠道的上百倍甚至更多。面对这些信息，用户的购买决策会更加理智。在互联网环境下，用户真正成为掌握多数信息的购买者，以用户为中心才是企业的最终出路。做到以用户为中心，大致分为三步：

第一步，要了解用户喜欢的是什么，最需要的是什么。在传统渠道中，企业与用户之间由渠道商联系，用户真正需要和喜欢的，只有渠道商了解，企业只能靠自己的经验或者市场调研来做决策。现在，互联网给了企业了解用户的最佳途径。产品上传到互联网后，用户会对产品的使用情况进行反馈，这些反馈信息为生产厂家了解市场需求提供了很好的参考。以世界工厂网为例，供应商（企业在工厂网注册的用户被称为供应商）在发布产品信息之后，如果有用户浏览到了该产品，可以通过供应商留下的电话或 QQ 等方式直接联系供应商，也可以留下用户自己的联系方式，让供应商主动联系采购商。采购商在购买产品后，可以对产品进行评价，将购买和使用过程中发现的问题展示出来，既提醒了供应商，也给未来要购买此产品的其他采购商提供了采购决策支持。企业可以通过这样的方式，了解到采购商的真实需求，从而不断改进产品和服务。

第二步，要将与用户之间的一次性联系的买卖关系，转变为长期联系的服务关系。IOE 时代的到来，将所有的东西连接在一起。只有通过不断的联系，才能与用户建立起牢固的关系。用户购买产品时，首先想到的不是广告最响亮的产品，也不是市场上最多见的产品，而是自己已经使用过和让自己用着顺手放心的产品，这就是用户与企业之间建立的信任关系。要在用户心中建立起可信赖的形象，除了要作出解决用户需要的好产品外，更要提供能够解决用户需求的好服务。用户的需求往往都是连贯的，当用户想要购买一把锤子的时候，要想到用户可能还需要一根钉子，甚至再进一步想到用户可能还需要一根绳子或者一把梯子。这样，用户购买锤子时，买到的还只是一件产品，是单纯的一次性买卖关系，当用户通过建议购买到钉子和梯子的时候，企业与用户之间就产生了多次联系，从买卖关系转变成服务关系。人与人之间的信任，就是通过不断的联系取得的，企业与用户之间的信任也是如此，通过长期联系，这种信任感会不断增强。应该注意到，这里的服务不仅是推荐，用户反馈的意见和产品的售后，也同样是与用户的联系，是一种服务。将服务做好，才能留住用户。小米手机是国产手机的翘楚，在创立短短五年时间里，已成为国产手机销量第一品牌。小米所做的，就是与用户保持联系。从最初发布的 MIUI 手机操作系统开始，小米公司就十分重视用户的意见，每次升级，都是根据用户的反馈，不断地改进，同时用户的需求也会被采纳，作为新功能在以后的升级中加入。小米已经通过这种联系将手机逐步拓展为一个完整的生态系统，它还推出了小米电视、小米净水器等。这就是以用户为中心的互联网思维所带来的价值。

第三步，将手中的传统渠道改造成专注于用户的服务渠道。这其实是与用户建立联系的第一步，但也是最后一步。互联网的低成本曾经使得许多新兴企业放弃了高成本的实体店，全面转向网上商城。但这种趋势会造成现有的商业地产贬值、租金降低，直到实体成本与互联网线上成本达到一个平衡。所以实体店不会消亡，它永远是用户了解产品的最佳平台。线上交易的最大弊端是用户无法在首次购买产品之前接触到产品，这是由于互联网的虚拟性和交易滞后性产生的，对于用户来说，这是一种不可控的风险，严重影响了最终的交易决策。实证检验结果表明，线下信任对感知网店服务能力具有显著的正向影响，这说明消费者对实体店铺的信任度越高，他们感知到网络商店的服务能力就越强。因为只有在实体店，用户才能够在购买之前直接接触并试用产品，听取建议，获得帮助和及时获取反馈意见。这种面对面交流符合人类的正常心理，购买体验远远好于互联网。之所以说实体的渠道是第一步也是最后一步，是因为实体店既可作为售前的体验场所，同时也是售后服务的关键节点。小米作为一家互联网公司，通过小米的在线商城销售手机和配件，原本是没有线下的实体店。在手机市场获得了优异的成绩后，小米做的第一件事就是在全国各大城市建立小米之家，一开始小米之家只是作为小米手机的授权维修点，到了后来，逐渐发展成为小米新品的线下体验店，小米已经发布的产品都可以在这里找到并提供试用。通过小米之家，更多的人可以直接了解小米的最新款手机，为线上的销售打下良好的基础。利用好已经建立的传统渠道，将是传统企业通过互联网进化的关键要素。

7.1.4　IOE 时代下的互联网平台

随着互联网的深度发展，传统行业将凭借其复杂性和专业性占据市场主导地位，线下将成为互联网巨头的主战场，因此，互联网平台要尊重传统行业的特性，排除一味整合的心态，助推传统产业的转型升级。而传统行业与其被动等待变革，不如主动去＋互联网，与互联网深度结合，共同迎接经济新变化。

一般来说，互联网平台所实现的商业模式分为四种：一是信息服务模式。这是最基础、最典型的商业模式。在这种模式下，互联网平台的主要作用是为企业提供展示平台，企业将自己的产品信息发布在平台上，以供感兴趣的人浏览，这种模式是电子商务平台的基础。二是搜索代理模式。这种模式是近几年新兴的，最常见的是各种比价网站，例如一淘网，就是专门对比各大电商网站中同一物品的售价。许多用户在在线商城购买商品之前，都要进行一番比价，在可靠性相同的情况下，自然是售价便宜的商品更受欢迎。三是市场交易模式。这种模式常见于 B2C 和 C2C 平台，在这种类型的平台上，可以进行在线交易，付款发货都由平台进行管理。淘宝和京东是这种类型的典型代表。四是世界工厂网模式。该模式为世界工厂网所独有。是针对传统行业的专业性和复杂性所准备的，引入了行业运营商的概念，将各个行业外包出去，在平台的监管下独立运营。

　　传统行业的主要特征是专业性，行业细分有 8360 种（根据世界工厂网数据），这仅仅涵盖了工业品和原材料领域。每个行业都有十分专业的渠道在运作，每个渠道都有其独到之处，互联网平台如果想深入与传统行业的企业合作，就必须要针对这些特性进行个性化运营。这对于目前许多大而全的互联网平台来说十分困难，平台不可能每个行业都分配一个团队来专门运营，并且要求团队中至少有一个人是行业内的专家，这样的人力成本企业是无法承担的。因此在许多行业内都出现了专业运营本行业的互联网平台，但这些平台由于局限于本行业，而缺乏专业的互联网人才，只能提供最基础的电商展示渠道，根本无法帮助行业内企业完成互联网改造。

　　正是看到了互联网与传统行业的这种关系，世界工厂网开创了行业工厂店的运营模式，即将行业垂直细分，并结合每个细分行业的交易特征设计和运营细分行业市场平台，建立细分行业的"行业工厂店"，例如，机床工厂店、轴承工厂店、起重设备工厂店等。

　　B2B 电商平台的未来发展，必须与传统行业深度结合，尊重行业特性。这是因为工业品采购与消费品采购不同，工业品采购的复杂性决定了它是典型的"专家采购"，采购需求就像一个个疑难杂症，需要懂行的医生来坐诊，才能"对症下药"。这些懂行的医生就是各个行业的专家。

　　在行业专家的选择上，世界工厂网积极寻找有共同价值追求、行业认识和市场方向的合作伙伴，并在充分确定其优质性后，发展成为行业运营商。

　　为此，世界工厂网建立了全新的行业运营商发展管理体系，从线上的运营管理系统到线下的培训督导系统，对运营商的发展提供全面支持。

　　在世界工厂网已经上线的 V3 版本中，运营管理系统不仅拥有全景模式的数据视图，还可以通过丰富的栏目设置，让运营商的日常管理效率提升50%。其中的营销点睛工具，通过灵活的内容制作方式，以及对不同终端的完美适配，可以让运营商获取更多精准访客，加速赢利。

而在运营商的培训督导方面，世界工厂网会根据具体情况，提供包括办公选址、团队组建、文化沟通、品类确定、上线优化、运营提升等方面的辅助工作，为运营商省去后顾之忧。

和传统B2B平台只有采购商、平台、供应商三个角色不同的是世界工厂网引入了第四个角色——运营商（见图7-1）。专注服务采购会员的价值理念和先进的运营商体系相得益彰，采购会员、供应商、运营商在世界工厂网享有的价值被无限放大。

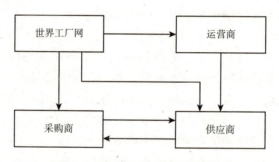

图7-1　世界工厂网的四种角色

资料来源：根据世界工厂网内部资料整理。

首先，针对采购会员。通过遴选行业专家担任运营商，和平台一起从品牌、科技、价格、质量、服务和供货周期等，为采购会员提供专业的采购咨询服务，解决更专业化和个性化的采购需求。

其次，针对供应商。世界工厂网的供应商均为生产厂家，由平台和行业运营商通过多维度指标评估、认证。例如研发实力与成果、生产能力、质量管理、服务保证、示范客户、市场评价和最低价格等。严格的筛选体系不仅保证了供应商质量，也让供应商在平台上沉淀出以上这些指标的专业评价，提升网页排名，吸引采购会员关注，增加采购会员使用黏性，促成询盘和交易。

最后，针对行业运营商。传统的渠道商在经过工厂网的考察，确认其专业资质后，就可以签订协议，帮助工厂网管理和运营某个行业专营店。而传统的渠道商可以皆由此机会，顺利转型为互联网企业。他们不仅要发挥专家的角色，为采购会员提供专业的采购咨询，还要肩负"医生"的角色，为采购会员提供行业资讯、采购指南等。

这种模式的最终目的是消除中间环节。平台不再是作用于买卖双方的媒介，而是渗透到各个环节，最大化地实现信息对称，让采购会员享受到直面工厂的高效、便捷、优质的采购体验。同时供应商可以借助平台，完成自己的互联网升级，一切以用户为中心，为采购会员提供更好的产品和更完善的服务。对于行业运营商来说，可以更好地专注于行业的整体升级。

现代经济社会中社会商品极大丰富，如何让采购商能够在更加众多的供应商中选择自己，这是平台所要解决的问题，而解决这个问题，则需要大数据的分析驱动。

7.2　IOE 时代的大数据驱动

恩格斯曾说过，任何一门学科的真正完善在于数学工具的广泛应用。大数据是近年来互联网行业流行的词汇，是近些年随着互联网发展所产生的新的概念和方法，其理论基础是统计学、心理学和经济学。在互联网尚未普及的时代，大数据是不可能存在的。大数据所要求的数据量远超人们的想象，是不可能通过人工采集完成的。

随着互联网的发展，人们每天都要在网上花费大量的时间，看新闻、购物、聊天等，这些活动都会产生大量的信息。对于个人来说，这些信息无关紧要，可能是垃圾信息，但对于数据分析专家来说，这些信息有很大价值。经过分析，这些数据可以用来预测用户行为，也可以用来定位产品问题。大数据是提升产品质量、生产效率、降低能耗，转变高耗能、低效率、劳动密集、粗放型生产方式，提升制造智能化水平的必要手段，其核心价值是资源的优化配置，也就是要将最合适的资源分配给最需要的人。

7.2.1　数据挖掘

随着工业进入信息化时代，数据成为工业系统运行的核心要素，数据挖掘是大数据时代的基本功能，是从大量的数据中分析并发现隐藏其中的有特殊关系的信息。例如，我们每个人都有自己独特的消费习惯，但在大数据中，有着无数跟自己相同消费习惯的人，我们每天都在重复做着其他人做过的事情。通过数据挖掘，可以准确分析出消费习惯相同的人群，了解他们的消费倾向，喜欢什么颜色、什么口味、什么款式等。这样的分析和预测，使得商家可以准确地预测到某个消费者的消费趋向，这些信息甚至连消费者本人都不清楚。

大数据是数据数量几何级数的增加，而数据挖掘则是从海量数据中淘金。在大数据时代，每个人都是透明的，虽然有时会出现特例，但大多数人的行为都符合预测的时候，商家就可以分析出用户的真正需求，这是一种更高级别与用户联系的方式，在用户产生购买决策之前就为其准备好要买的产品。这样的情形，无论对商家还是用户都十分有利。

看起来违反常识，但这种关系又是确实存在的，这就是数据挖掘。通过数据挖掘，我们可以解决五个方面的问题：一是找到潜在的、尚未意识到的问题。二是帮助我们判断未来可能出现的趋势。三是找到过去做错的事情。四是把定性的问题定量化。五是探索数据对象之间的联系。

在实践中，数据挖掘可以分为两大类：第一类是基于统计规律的数据挖掘，就是从大量数据中，通过统计学的应用，得出一个综合性的结论，或者是一个网站的宏观数据等。比如通过"加入购物车"按钮在页面中不同的位置设置，分析用户点击热度，通过数据分析统计得出哪些款式是所谓的爆款等。第二类是面向精准分析的数据挖掘，就是从大量数据中，通过建立用户数学模型，将每个用户数字化，得到用户的行为习惯，如某个用户的消费趋势等。

大数据是 IOE 的结果，标志着人类社会在数字化的进程中迈出了重要一步。对大量模糊数据的挖掘使我们能够更加容易地理解世界。在大数据时代，企业产品迭代的速度在加快。三星、小米手机制造商半年就会推出新一代智能手机。在互联网、大数据提高企业效率的趋势下，快速就是效率、预测就是效率、预见就是效率、变革就是效率、创新就是效率、应用就是效率。

竞争是企业的动力，而效率是企业的生命，效率高低是决定企业成败的关键。一般来讲，投入与产出比是效率，追求高效率也就是追求高价值。大数据之所以能提高生产效率和销售效率，原因是大数据能够让我们知道市场的需要，人的消费需求。大数据分析能提高企业的运行效率，让企业的决策更科学，由关注精确度转变为关注效率的提高。

7.2.2 精准营销

通过数据的深度挖掘，可以对访问网站的每一个用户建立数据模型，将一个个看不见的人用数据的形式展示出来。在这个数据模型中，该用户访问过哪些页面、浏览过哪些产品、对其中的哪些产品感兴趣、最看中的产品特点是什么，等等，都可以通过数据挖掘分析出来。这样展现在我们面前的，就不再是互联网另一端一个冷冰冰的 IP，而是一个活生生的人，我们可以认识他、了解他，知道他最需要的是什么，从而帮助他。

7.2.2.1　个性化推荐

一是定题信息推荐。网购用户通过主动向购物网站提交信息需求，网站定期向用户提供相关信息的方式来实现个性化信息推荐服务。定题信息推荐主要应用了数据挖掘技术和 RSS 技术，通过内容挖掘和结构挖掘找到对用户有用的信息，并通过 RSS 推荐给用户。

这类信息推荐服务多用于图书网站，因为这些用户一般是固定用户，他们能够准确将自己的需求传达给信息提供者，同时电商平台也能比较准确地理解用户的信息需求。由于用户对信息有固定的购物需求，电商平台就可以定期根据实时更新的商品信息，整理出符合用户需求的商品信息。其他的如 B2C 和 C2C 网站也可以对用户进行定期信息推送，在新用户注册时通过问卷调查的形式，把握每个用户对商品类型、品牌、价格等属性的大方向，根据用户的意愿和需求通过站内私信、通知和发送邮件、短信等方式向用户推荐商品信息。

二是热点信息推荐。热点信息推荐是指购物网站将当前最畅销或者最新上架的商品主动推送给用户的一种服务方式，此种推荐是一种主动的推荐模式，电商平台根据实时更新的用户群的浏览数据整合出当时最热点的商品信息并将其推送给用户。热点信息推送通过数据挖掘和协同过滤技术找到实时最热门的商品信息，通过用户在互联网中常用的其他网站的弹出窗口或者悬浮窗口网站等推送给用户。电商平台通过用户在互联网浏览信息和点击时留下的信息，尝试性地向用户推送信息。通常热点信息推荐需要用户多次点击浏览才能形成。

使用热点信息模式推荐能符合用户兴趣又畅销的前 N 种产品，使得被推荐产品具有个性化的同时，又有销售量来做保证。由于通常情况下新产品很难被用户发现，通过热点信息推荐方式对新产品的推荐也具有重大意义。

三是兴趣挖掘推荐。大数据方便了人们的生活，记录了人们在日常网购交易中的各种数据。电商企业可以充分利用数据挖掘技术，对用户留下的海量数据（网页浏览记录、购买历史和消费习惯等）进行深层次的数据挖掘来获取用户的个性化需求。通过利用用户访问信息资源所产生的使用信息，对其进行分析挖掘来预测未来的发展趋势，获取用户的个性化视图。

根据用户兴趣特征开展的推荐模式需要网站后台具备较强的信息处理能力，才能发现那些潜在的用户信息，最大程度减少用户的不良体验。兴趣挖掘推荐是以数据挖掘技术为基础，通过建立用户兴趣模型来进行推荐的一种模式。

兴趣挖掘推荐主要通过用户对个性化界面产品信息的浏览，对偏好商品的点击，接受推荐信息。产品的属性特征及其比重都记录在产品信息库中，当顾客有浏览或购买等相关操作时，顾客偏好提取模块就会对顾客的信息进行个性化收集，并保存在个性化特征库中。浏览或购买过同一商品的用户可能有相似的商品偏好，当用户浏览商品时，购物网站还能通过对浏览过此商品的其他用户的浏览记录和购物记录向用户推荐相关商品。

兴趣挖掘推荐的流程主要是顾客信息模型构建模块可以创建顾客个性化的信息模型，个性化过滤模块会对顾客信息模型中所要求的内容对产品信息进行过滤。整个推荐流程分为四部分：一是兴趣特征模块通过对用户平时浏览行为来分析出用户感兴趣的商品属性；二是用户兴趣库将兴趣特征模块分析出的信息进行储存，并通过不断地获取新兴趣信息来实时更新用户兴趣库；三是用户模型构建模块负责将用户进行模块化分类，并根据用户模型对某种商品进行兴趣度计算；四是个性化推荐、检索模块将前面的信息汇总，对不同用户进行不同的个性化推荐检索。

7.2.2.2　定制信息推荐

定制信息推荐是根据用户定制的信息需求来推送个性化信息的模式，定制信息是以用户需求为主体的被动的推送方式，主要目的是满足不同用户对商品的不同需求。定制信息推荐主要应用了数据挖掘技术中的使用挖掘技术和协同过滤技术。

电商平台根据用户的特定需求，向用户推送信息。定制信息推荐是以用户需求为中心，只有成功地搜索到符合用户需求的信息才能更好地为用户提供推荐服务，用户的需求直接决定平台的信息供给，有效的信息推荐才能刺激用户对信息产生更多的要求。在定制信息推荐模式中，需要对不同用户进行服务策略和服务方式的分类，进而更加有针对性地提供信息服务。例如，针对用户的特定需求和个人兴趣爱好展开的推荐服务；针对不用用户的知识背景、购物习惯和消费水平展开的信息检索指定服务；针对用户的性别、年龄等个人因素对推荐页面进行布局、字体、颜色的优化的定制服务。

在确定用户的需求并完成信息资源的搜索分类后，通过个性化信息推送服务将信息推送给用户，用户可以根据这些信息来解决自己需求，并对结果进行反馈。

对于采购商来说，就是帮助其找到最符合要求的供应商。而对于供应商来说，就是帮助其找到最合适的买家。这一过程在世界工厂网被称为精准营销。传统的营销是被动的，就像商场一样，把产品摆放好，等待着购买者挑选商品，这期间采购商如果想全面地了解市场，就需要把整个商场逛一遍，记住备选商品，随时准备再逛一遍；而精准营销则完全不同，采购商在浏览了一些商品后，世界工厂网的系统就会自动记录采购商浏览过的网页，并进行分析判断出采购商大概要购买的产品的型号、功能以及对产品属性的要求，然后筛选出数据库中符合条件的，并展示在该采购商正在浏览的页面中，每个采购商所看到的展示数据都是根据自己的浏览记录分析得到的，浏览的越多，大数据分析就越了解这个采购商的需求，进而可以为其展示符合需求的商品，而采购商则省去了市场调研的时间精力，节省了决策成本。

对许多中小企业来说，在传统的推广方式中，最为普遍的就是在较知名的媒体做广告，媒体的覆盖程度决定了推广的价格，但这有一个很大的弊端，覆盖面越广的媒体，其中有 95% 的受众都不是目标消费者，只有 5%（甚至更少）的受众才会对相应产品感兴趣，这样造成的效果却达不到预期，反而付出了更多的成本。而通过大数据的方式去精准推广，可以让你的目标人群直接看到你，从而节省大量的推广成本，这样，企业可以把费用花在改善产品质量等更需要的地方。在大数据时代，任何信息经过加工整合，都会找到一些常见却十分容易被忽视的规律，利用好这些规律，可以让企业从容不迫地应对商务活动中出现的大多数问题，这就是大数据带给我们的价值。

未来 B2B 平台只作为信息展示平台将会失去竞争优势，它的核心价值将是解决信息不对称，向上游无限接近更全更准确的工厂供应商数据和流量转化效果，凸显优秀的工厂供应商；向下游无限接近更好的采购服务，被采购商所接受。而世界工厂网行业工厂店"采购专家"的服务，对解决供采双方的信息不对称来说，是一条新的出路。

7.2.2.3　用户信用评估

国内 B2B 电子商务经过十多年的发展已经日趋成熟。通过互联网，采购商可以搜索到大量的产品和供应商信息，但需要经过仔细筛选才能得到有用的信息。这说明 B2B 平台的采购商需求发生了变化，最初采购商只是需要寻找一些产品的信息作为参考；而现在采购商有了更高的要求，希望找到真实可靠并且全面的卖家信息，以此作为交易的前提，确定交易的可行性。电商的发展促使许多供应商入驻 B2B 平台，在平台上发布自己的产品，希望得到采购商的关注。供应商的增加意味着 B2B 平台上供应商之间的竞争更加的激烈，要想赢得竞争，就需要站在采购商的立场，发挥企业的优势，满足采购商的需求。

目前，由于国内电商平台中的供应商信息不完整，并且本身不能确定其真实性，对于一些基本信息，如生产规模能否达标，企业信誉是否可靠等。在传统的 B2B 平台上是无法获知这些信息，采购商能够接触到的信息，无非是供应商在平台验证时自行填写的关于企业的信息，或者是提交的营业执照信息，而这些信息的作用和可信度十分有限。

随着电商的发展，传统的 B2B 平台已经不能满足采购商的需求。随着 B2C 平台的流行，在线交易将成为 B2B 平台的下一个目标。传统交易的过程是在买卖双方相互信任的基础上进行的，电子商务中的交易也不例外，买卖双方的信用是决定交易的关键。而在传统的交易过程中，这种信用是可以通过实地考察，以及调查供应商在行业内的口碑来确立，这需要大量的人力物力成本，在这一方面，通过电商交易有很大优势。但电商的弱点也由此产生，电商交易的信任关系实际上是不存在的，任何人都不会对一无所知的另一方产生信任。采购商不能准确地知道供应商的信息，一旦涉及大额度的交易时，采购商就需要像传统交易那样，实地考察供应商，确保交易能够顺利完成，供应商也不能完全了解采购商，对于投入生产也会存有疑虑。因此，交易双方之间的信任关系，同样是在线交易的重要阻碍之一。

交易主体之间的信用问题，主要体现在四个方面：

一是交易双方的信息彼此不能完全了解。互联网连接了万物，在互联网中，无论你身在何处，你与其他人都只隔着一个屏幕。这样的距离看似十分接近，但屏幕却始终存在，任何人都无法跨越。与传统的商品交易模式不同，互联网交易中，我们看不到、摸不到对方，在这样的条件下，如何相信对方的诚意，这是十分困难的事情。企业如果希望在互联网中进行交易，就要全方位的了解对方的产品信息。虽然目前国内大多数 B2B 平台中的商品信息都已经很全面，但这远远达不到让人信赖的程度，因为交易双方彼此并不知道对方的主体信息。为了避免交易风险，企业可能会放弃线上而选择线下交易。即便是线下交易，买方也会花费大量的人力物力对生产厂家进行考察认证。这些行为的产生只有一个原因——交易双方信息的不透明。

二是会员的信用认证缺乏权威性。为了解决信用问题，大多数 B2B 网站都采用了会员制的发展模式，如果企业希望在平台上发布产品信息，就要成为平台的会员，除了缴纳会员费外，平台会验证企业的工商注册信息，以确保平台内交易的可靠性。但这种验证依然是通过互联网进行的，一些不法分子仍然有机会伪造证件，成为平台交易的隐患。针对这些问题，一些国内知名的 B2B 平台开始着手建立自己的信用认证机制，会员可以缴纳一定的保证金，用来作为交易的保障，如果出现了违约甚至欺诈行为，保证金可以抵消一部分对方的损失。但这样的保障只在收取保证金的平台有效。这样的信用认证并没有一个权威的第三方作为监管，用户只能被迫相信平台。同时，国内的 B2B 平台竞争日趋激烈，所有平台都在争取处在互联网转型期的企业入驻。在衡量企业时，平台内部的标准是处于毫无监管的环境下，平台本身可能会在利益的驱使下作出让步，为信用不合格的企业提供准入资格。

三是信用认证没有通用性。对于信用认证，互联网行业并没有形成一个标准化的身份验证机制，在一个平台通过了信用认证后，再到另一个平台进行注册，还需要再次认证。这样不仅提高了企业加入互联网平台的成本，而且也不利于电子商务信用体系的建设。只有设立一个由政府部门监管的第三方平台，才能确保脆弱的互联网信用机制不断向前发展。

四是电子商务信用认证时效性弱。这个问题依然是缺少第三方信用平台的结果。B2B 平台的信用认证虽然有时间的限制，但在这段时间内，企业任何信息的变化都是无法直接反映出来的，一旦企业的管理条件或者信贷条件发生改变，B2B 网站运营商很难检测到，这时针对该供应商的交易就有较大风险。

针对以上问题，世界工厂网已经研究出自己的解决方案并投入使用。世界工厂网鼓励入驻的供应商完善自己的企业信息，每个企业都有自己的黄页和企业商铺，供应商可以发布自己的企业新闻、图片以及生产或销售的商品等。采购商在看到物美价廉的商品时，可以十分方便地找到供应商的信息，避免信息不对称。

世界工厂网的供应商准入机制和运营商审核机制，会将绝大多数信用不合格的企业过滤出去。运营商为了保证自己的利益，也会对采购商负责，严格审核供应商及其所发布的产品信息，从制度层面保障交易的顺利进行。

　　商品价值的传递需要渠道，在 IOE 的强大竞争下，传统渠道逐渐没落，成为配角，而 IOE 已然成为主流。如何利用好互联网进行传播，让更多的用户更好地了解自己的产品，打响自有品牌的知名度，是传统企业面临的重要问题。要想解决好这个问题，就要充分了解互联网时代下的企业推广方式，世界工厂网作为国内领先的互联网平台，可以为供应商提供优质高效的互联网传播方案，奠定企业成功的基石。

第8章　新工业文明时代的价值沟通

价值沟通，主要是指小微企业将价值主张通过一个易懂、易记、符合逻辑的故事传递给顾客、投资者等目标群体以价值信息的模式。整个过程既复杂又自然。[①]

在互联网快速发展的趋势下，市场领域和传播领域都发生了颠覆性的变化，发起者和主导者都在逐渐从营销主体（企业或机构）转向消费者。信息爆炸的时代，企业价值分享与传播的方式和途径发生着翻天覆地的变化，企业的价值沟通也在随之改变。价值沟通变化不仅包括形式，还包括渠道的改变。因此，价值沟通的改变应该是内外结合，是全方位、多方面、立体式的。

如今，大众接受信息的模式是遗忘和过滤，90%甚至更多的信息湮没在庞大的信息流中。在当今白热化的市场竞争中，企业要想最大化地将自身的价值传播出去，并与用户分享，必须顺应趋势，用先进并符合大众行为特征的营销策略武装自己。企业应该让客户能够主动积极地参与到价值沟通中来，在双方确认价值需求的基础上发现价值差异，从而进行价值创造，实现自身的可持续发展，并迅速建立目标客户群。

8.1　主动互动的 SCIAS 时代

随着互联网和信息技术的发展，价值沟通方式也由传统的 AIDMA 模型转到 AISAS 模型，并一路演进到当前最新的 SCIAS（Search – Compare – Interest – Action – Show）模型，该模型是根据移动互联网时代用户行为的深刻洞察而来的，包含 5 个阶段，分别是主动搜索→同类比较→产生兴趣→促成行动→秀出宝贝。其中最核心的环节 Show 秀出宝贝，为传播带来了更多的可能。

---

① 罗蜀新，王翔祥. 基于价值创造的小微企业商业模式创新路径［J］. 管理世界，2016（8）：184 – 185.

8.1.1 从 AIDMA 到 AISAS

随着媒介形式的不断发展，企业对外沟通和交流的渠道也在不断发生变化。从传统媒介时代到如今的互联网时代，受众不再是被动地通过电视、报纸、广播等传统媒介接受信息，而是主动去接触和寻找信息，特别是搜索引擎的出现，主动搜索和获取信息成为当下的主流。

在传统的 AIDMA 法则下（Attention 注意→Interest 兴趣→Desire 欲望→Memory 记忆→Action 行动），用户从注意到产品，产生兴趣，然后引起购买欲望，保持记忆，并最终形成购买行动，整个过程都是被传统的营销传播方式所左右。随着互联网的发展和普及，越来越多的人通过互联网接收信息，他们通过门户网站浏览新闻，通过百度、Google 等搜索引擎了解信息，运用博客、论坛和即时聊天工具与千里之外的人进行互动，基于互联网时代的信息渠道正在被重构，随着 Web2.0 时代到来，诞生了 AISAS 模型。

AISAS 是传统的 AIDMA 法则经过发展和演变而来，其核心变化是原来 AIDMA 中的 A（Action）进一步分解为 S（Search）+ A（Action）+ S（Share）。在 AIDMA 中 A 和 I 是受众从注意到产生兴趣的过程，偏重内容的单向影响，即受众通过视频、图片、文字等形式接收信息。而 SAS 侧重主体与客体互动的过程，借助 APP、二维码等形式使用户由接触到购买。即通过创意吸引受众的注意（Attention），创意本身的互动性让受众产生兴趣（Interest）并积极参与，基于兴趣引发受众的搜索行为（Search），继而对产品有深入了解并产生互动，触发购买行为，最后通过分享形成口碑效应。

在 AISAS 模型中，引起 A（Attention）和 I（Interest）的内容，对后续 SAS 行为带来深刻影响，并形成良性循环。由 S（Share）产生大量用户生成内容（UGC，User Generated Content）触发二次传播，形成口碑效应，带来巨大影响力，形成一个闭环。大量的 S（Share）经过特意的设计或某种技术，酝酿出一个体验式的过程或活动，将再次获得更大范围的传播。例如，可口可乐推出的歌词瓶，乐事推出的猴年产品及推广的 HTML5 互动画面等，给消费者带来了全新的体验，引起他们的分享和转发，形成广泛的口碑影响，甚至带动更多媒体的关注，大量的分享也会带来更多的消费行为（金丽丽、李成，2015）。

在 Web2.0 时代的 AISAS 模型中，吸引受众互动并产生交易的主要特征有足够吸引受众注意的伟大创意。必须要有创意，受众才有参与兴趣。能够激发受众的参与热情，使之能够为获取关于诉求更多、更全面的信息而去主动搜索和了解。AISAS 和 AIDMA 两者的对比如图 8 - 1 所示。

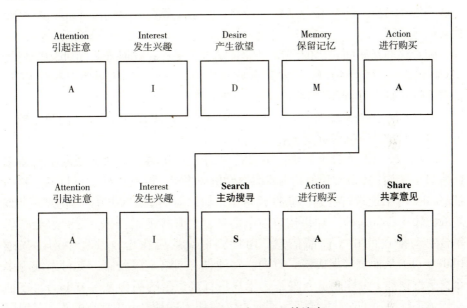

图 8 - 1　AIDMA 到 AISAS 的演变

资料来源：《电商营销 AISAS 模式五步骤》，https：//www.douban.com/note/234700499/。

由图 8 - 1 可知，AISAS 中的 A + I 代表心理变化，SAS 代表行为互动。不管是主动搜索还是互动，都不同于传统的消费者购买行为理论。体现了双向互动的特点。

8.1.2　SCIAS 模型的出现

截至 2017 年 6 月，我国网民规模达到 7.51 亿，半年共计新增网民 1992 万人，半年增长率为 2.7%。互联网普及率为 54.3%，较 2016 年底提升 1.1 个百分点。以互联网为代表的数字技术正在加速与经济社会各领域深度融合，成为促进我国消费升级、经济社会转型、构建国家竞争新优势的重要推动力。

手机网民占比达 96.3%，移动互联网主导地位强化。2017 年上半年，商务交易类应用持续高速增长，网络购物、网上外卖和在线旅行预订用户规模分别增长 10.2%、41.6% 和 11.5%。

2017 年 9 月，艾媒咨询发布《2017 年上半年中国智能手机市场研究报告》。数据显示，2017 年 1～7 月，中国手机市场出货量达 2.81 亿部。中国智能手机出货量约 2.66 亿部，智能手机用户规模也达到 6.55 亿人。如今，千元智能手机都已有 GPS 定位等功能，加上各大运营商的 4G 网络，移动互联网时代已悄然而至。

随着移动互联网时代的到来和大数据的应用，互联网进入 Web3.0 时代，AISAS 的消费行为不再符合移动互联网模型，基于长期以来对用户行为追踪、消费测量、触点分析和数字洞察得出的新消费模型——SCIAS 模型出现。

SCIAS 模型包括 5 个阶段，分别是 Search 主动搜索→Compare 同类比较→Interest 产生兴趣→Action 促成行动→Show 秀出宝贝。

SCIAS 模型描述的场景是：用户首先通过互联网和移动互联网主动搜索（Search），现阶段最常用的是搜索引擎和电商平台，除此以外也可以通过移动端的 APP 等渠道进行搜索，获得搜索结果后，对同类产品或信息进行各个维度的比较（Compare），如果用户在电商平台上直接搜索目标商品，也会获得平台主动推送的相关商品信息，用户获得信息后在比较过程中产生兴趣（Interest），从而直接促成购买意向。在硬件、网络、服务器、支付系统等多个交易过程都十分顺畅的条件下，用户将直接产生购买行为（Action）。在社交媒体广泛应用的时代背景下，购买行为紧跟着就是秀，用户在购买产品或服务后有很好的体验，就会通过社交媒体秀（Show）出来。

用户秀（Show）可能产生三种影响：第一，与大多数的受众需求不相符，没有对他们产生直接影响，只是增加其对品牌的认知度和美誉度；第二，假如恰巧与受众需求相符，秀出的人与信息的接收人又有直接的联系，即强关系，就有可能直接促成受众的购买转化；第三，虽然秀出的信息符合受众的需求，但因秀信息的人与受众是弱关系（如微博、社交媒体等生态圈更开放的媒介形式），则会由 Show（秀出产品）→Interest（产生兴趣）→Compare（产品信息的对比）→Action（购买）最终购买。

这五个阶段是一个全景模型，用户的行为、决策过程以及消费轨迹在一个生态圈中是多维度的互动形态，并非单向的递进过程。因此，SCIAS 模型与当前移动互联网的信息传播方式一样，最核心的特征是没有"终点"。即便在模型最后的 Action（完成购买）和 Show（秀出宝贝）后，仍会通过各种强弱关系的融合产生更多元的传播效果，在为企业提供更多的传播机会之外，也带来更多挑战。既要考虑更多元的需求场景，又要制造更多的完美闭环来推动转化率的提升。

8.1.3　SCIAS 模型的实践应用

在 SCIAS 模型中，搜索位于第一步，这就需要追溯搜索的根本动因。移动互联网时代最大的特点是信息碎片化，用户每天从各个渠道接触信息，被大量的广告信息淹没，在信息过载的背景下，用户更知道自己需要什么。因此，搜索的动因很简单——用户的自身需求。

一种可能的场景，用户想通过网络采购一台机械设备，他有可能会选择一家电商平台（例如工业品采购平台世界工厂网），输入产品名称，获得平台提供的相关产品信息，包含产品型号、描述、历史交易、评价等内容，经过反复对比和筛选后作出采购决策。

另一种可能场景是，用户可能并不十分清楚他们需要什么样的商品或服务，甚至不了解此种服务是否存在，这时候就需要访问搜索引擎或综合类电商平台，让搜索结果来告诉用户正在寻找什么，并且作出推荐。在过去的几年中，绝大多数 B2B 平台用户都十分熟悉平台信息展示的方式，在这些平台上，供应商长期占据主导地位，大量的产品体系和配套服务都是基于这个基础来设计，而采购商群体并没有被充分重视，甚至采购商本身也并不清楚自身的需求。类似世界工厂网等新型 B2B 平台的出现，为采购商群体带来了一种全新并从未接触过的服务体验。

与其他相似模型不同的是，SCIAS 模型的最后一个环节不再是分享（Share），而是秀（Show）。在移动互联网时代，人们更关注个性，每个人在互联网上都有一张脸谱，时时都有分享：吃饭时拍照晒朋友圈，旅行时拍照发微博等，这也显示了 Show 的随意性。看看我们的朋友圈，每天会出现多少消息甚至广告，其实我们每个人都已经置身于一个大秀场。

8.2　沟通传播的"去中心化"

互联网时代，信息的传输效率大大提高，从以往媒体是中心，到现在每个人都有可能成为中心，"去中心化"趋势在很多领域都有体现。

8.2.1　"去中心化"的诞生和发展

8.2.1.1　Web2.0 时代的"去中心化"

关于"去中心化"，百度百科的解释是："随着主体对客体的相互作用的深入和认知机能的不断平衡、认知结构的不断完善，个体能从自我中心状态中解除出来。"作为 Web2.0 时代的核心理念之一，"去中心化"得到了前所未有的技术支撑。

Web2.0 时代，微内容成为信息传播的基础，人们可以自发地创建并上传内容，与其他人互动、分享内容，信息传播不再是由一点散发，一点对多点的单一模式，而是逐渐转向多元的双向甚至多向沟通交流。传播的"去中心化"解构了原本以单向文化为主的社会结构，朝着多元化转变。但这并不意味着传播的中心消失，而是由高度集中向分布集中转变，传播更加多元化、个性化。

中国互联网信息中心（CNNIC）发布的报告显示，截至 2017 年 12 月，中国网民总量已达 7.72 亿。根据著名的六度分隔理论，这么庞大的一个群体已经完全有能力对社会文化产生深远的影响。

事实上，相对于社会文化，"去中心化"对网络文化的影响更加广泛而深远。在"去中心化"背景下，文化领域的话语权被逐渐分散，其发展也不再是精英人群和意见领袖所主导的过程。在 Web2.0 背景下，网民群体被连接在一起，他们的一言一行成为主导文化发展的主要力量。网民使用 SNS、博客、威客等，使文化表达进一步向多元化扩展，个体成为网络文化形成的主导力量，对社会整体文化产生深远影响（马建国，2010）。

Web1.0 时代，如果在互联网上人们不知道谁在发声，那么在 Web2.0 时代，没有人会在意发声的是谁，而是关注信息本身。Web3.0 时代，移动互联网蓬勃发展，我们即媒体，传播呈现多元化的特点。

8.2.1.2 "去中心化"的形成

对于传统的认识，主流文化的形成过程遵循正态的二级传播规律，即由精英群体、意见领袖掌握话语权，充当舆论领袖的角色，再由他们将选择后的内容向一般受众传播。Web2.0 时代，绝大多数主流文化的形成往往逆向而行。先从最广泛的互联网群体在网络上发起，经过不断传播发酵，逐渐对精英群体和意见领袖产生影响。这种过程上的颠覆，给文化带来了本质上的变化。文化特别是网络文化，不再是由少数人决定，难以预料甚至难登大雅之堂的内容被轻易公之于众，社会的真实面目和发展方向被轻易呈现出来。最典型的即是网络上不时爆出的流行语。2015 年红遍网络的最有情怀的辞职信是"世界那么大，我想去看看"，来自一名河南教师，引起了众多网友的关注和追捧，随着话题的不断发酵，陆续有各类媒体关注此事件并进行报道。

"去中心化"的形成得益于 Web2.0 的信息交互方式，其中最重要的是反客为主价值序列的形成。Web2.0 技术使得传播的重心从组织转向个人，媒体不再是机构和组织的代名词，组织的主体意识在逐渐被淡化，少数的精英群体和意见领袖被普通网民群体影响，例如博客、威客、拍客、自媒体人等，这些"客"开始成为网络文化真正意义上的主体，并且也能充当权威领袖的角色。主体间的交流更加开放和平等，形成了"去中心化"的文化关系，构成了不同于以往的文化结构。

"去中心化"时代，信息传播交流的中心不再是某家媒体或某个名人。人与人之间可以直接进行信息的产生、传递和影响。精英群体、意见领袖掌握的高端信息资源向普通人转变，以往点对面的传播模式被多点对多点的传播模式所取代，互联网让信息传播的速度更快、效率更高。以 2015 年天津爆炸事件为例，最初的信息披露即来自网友在新浪微博上发布的消息，当重心转移到网友个体时，信息能够更彻底地反映出来，快速产生传播和互动，这些信息不断被更新，影响着人们的认知，也使得每个个体都有机会成为文化的权威。

我们常用的维基百科、百度百科，每个人都可以自主浏览、创建、编辑页面上的内容，还可以选择以匿名或实名的方式来完成上述行为。只要有客观的信息来源，每个人都能对已经展现出来的内容进行编辑修改，同样也支持点赞、分享等。在百科的整个实践过程中，自由、平等的理念贯穿网民参与的全过程，代表了网民可以自发发起、互动，自主体验，这将形成取代传统媒体权威的新媒介观。每个参与者的自主性都得到了充分重视。在"去中心化"的作用下，权威者不再是天生的、既定的人群，而是通过更开放、更公正平等的人气催生，它并不是一成不变的，而是不断发展、不断被更新、不断被质疑，甚至是被批判的，不被精英阶层等任何一个群体所垄断和把控，是由普通的网民所占据，实现了互联网领域相对的民主和自由。

网络"去中心化"可以让庞大的网民群体积极参与，使得文化的多元性能够以更加鲜明的姿态展现出来。清华大学的奶茶妹妹、武大的樱花女神、南笙姑娘等，都是通过普通网民将信息上传到互联网而受到广泛关注，进而引发大量的自发传播。每个人都可以选择上传什么样的内容，参与其中的网民可以发表自己或肯定或否定的言论，也就是常说的"潜水""打铁""拍砖"。网民巨大的能动力造就了逆向传播。

"上传"使每个个体都成为网络文化的创造者和主要传播者，传统的媒介形式在传播过程中的影响日渐式微。个体的生活更丰富，不同个体又存在非常大的差异性和互补性，这使得网民对文化的塑造和传播更加生动，并在此过程中分散了传统文化的权威地位。除了技术上的发展和进步，"上传"更重要的意义在于网民个体的情感诉求和表达权利被充分体现和重视。美国学者托马斯·弗里德曼在《世界是平的》中宣告："上传正在成为合作中最具有革命性的形式之一。我们比以往更能成为生产者"（高宪春，2011）。

在"去中心化"的作用下，权威者（如媒体）的光环效应被削弱，极富创造性的网民团体在SNS、微博、微信中，产生了网络文化大量的核心内容，进而成为网络文化名副其实的创造者和践行者。在原来的传播价值序列中，一个人的作品能否出现在大众面前，往往要经过权威机构的审核和编辑，一旦被拒绝就意味着作品彻底消失。在Web2.0时代，网民有了更多选择，可以通过博客、SNS、视频网站、微博、微信等新媒体上传作品，并得到其他网友的回复和讨论，同样能够有机会被大量的读者发现。网民得到了前所未有的话语控制权，在一定程度上摆脱了权威机构的控制，个人的观点和情感能够直接地表达（朱冰尧，2014）。

总之，Web2.0的"去中心化"使得"个体"更加凸显且有机会成为主角，并在互联网平台通过博客、SNS、微博和微信等渠道而变得更加强势。

8.2.2 "去中心化"使信息传播效率更高

如今，"去中心化"已经不再是一个新鲜的概念，它已经成为互联网时代最热门的词语，媒体和传播已有了明显的"去中心化"表现，销售也呈现"去中心化"趋势。未来，品牌、生产、管理都可能会"去中心化"。随着移动互联网的兴起，"去中心化"的效应更加明显。

"去中心化"在媒体上的表现最为突出。以往电视、广播、报纸等传统媒体是信息传递的唯一源头，公众的关注也都在它们身上。传统的信息渠道十分有限，人们要获得最新的消息只能通过固有的集中媒体形式。而如今，信息传播的效率急剧提高，只要掌握信息就可以随时随地发布，传递到每一个人，而不必通过权威媒体进行发布。相反，传统媒体辛苦采访刊发的消息，有时候影响力不及一条即时的微博或有趣的微信。例如，2016年1月发生的"百度血友吧被卖"事件，就是率先有网友在知乎社区发布了消息，声称百度血友吧被卖，原吧务组人员全部被撤换。此消息迅速得到众多网友的关注，产生了大量的信息。各种信息互通，网友互动纷至沓来，纷纷谴责百度的做法。"去中心化"的作用得到了非常充分的体现。在此事件中，媒体则相对滞后。

与此同时，传播的"去中心化"也会使销售趋向"去中心化"。最典型的例子莫过于罗辑思维和杜子健。靠知识分享获得广泛关注的罗辑思维通过平台销售书、电子课堂、字画，甚至销售大米，大部分的粉丝基于罗振宇的信任背书选择购买其推荐的产品，使得成交量不断被刷新，超越传统的销售渠道。同样，杜子健也是通过分享自身的专业知识和经验，在微博平台上与多位意见领袖级大 V 互动，给自己建立起强大的品牌背书，培养了一批忠实的拥趸者。他最大的特点是经常与用户进行互动，这种交流机制也会加深粉丝对他的信任度和认可度。在这种情况下，无论是卖书、卖课程，还是卖酒，杜子健都得到了非常丰厚的回报，这就是"去中心化"从传播到销售所带来的一系列的影响。原来我们想买酒，只会通过厂家和品牌经销商，个人营销的成功率非常低。杜子健等人的成功得益于信息的高效传播和互动，在以往这种模式的成功是难以想象的。

另一个"去中心化"销售的典范是小米。小米通过社交媒体、BBS 等，简化销售渠道，直接面对客户。"去中心化"实际上是对综合体的垂直细分。互联网高速发展带来的信息化，使整个商业体系变得扁平化，传统阵营形成的山头或固有环节逐渐解构。传播渠道的"去中心化"其实是传播的一次重新解构，是对信息的垂直细分，使我们获得的信息更透明，可信度更高。垂直细分媒体的出现是信息技术发展的必然趋势，与传统媒体相比，这种"去中心化"的媒体更加细分，更加专注也更加精准。围绕逻辑思维建立起来的社群，就是一群热爱知识的中高层白领；而微博大 V "天才小熊猫"，吸引的就是一批对新鲜好玩的消息感兴趣的人群；陆琪这样的微博大 V，是垂直细分、关注两性关系的一个媒体；还有近段时间红遍微信朋友圈的大 V 咪蒙，以职场女性工作、生活、育儿等故事为核心内容，短短几个月的运营时间就吸引了大批白领女性群体（唐亚男，2015）。

销售的"去中心化"使得品牌的"去中心化"成为可能。规模化时代，信息不对称，人们相互间的交流不通畅导致用户的个性化需求无法直接到达厂家，但随着互联网的发展进步，越来越多的生产者通过社会化的媒体接触到潜在用户，并且捕捉到他们的需求，个性化定制生产成为可能，例如，淘宝上出现的韩都衣舍、裂帛等品牌，以及专门为采购经理个性化需求提供解决方案的世界工厂网，在一定程度上受到了品牌"去中心化"的影响（王冠雄，2015）。

　　何止是商业形态，企业内部的"去中心化"也在发生。以往，很多公司开发新产品，都是依靠研发部，动员整个公司的力量，而现在的很多互联网公司则完全颠覆了这种传统模式，以项目为单位，成立一个个小团队做研发，做创新，事实证明，这种"去中心化"的组织，市场反应更快，创造性更强。"去中心化"并不神秘，其本质是缩短信息传递渠道，加快市场反应速度，是信息时代颠覆传统的一次重大变革。

　　每个人都是中心，所以"个人中心"或"品牌中心"存在的意义将越来越弱，每个人都可以做传播的源头和信息的中心，我们可以轻松建立自己的微信群，可以随时随地分享自己的见闻，"去中心化"是充分成立的。因此，"去中心化"将是大公司转型的必然方向，未来的商业竞争，谁能做到"去中心化"，谁就能走在前面。

8.2.3　平台的"去中心化"

　　互联网改变了人们的行为方式和习惯。以前我们购物只能通过逛商场，企业采购需要参加线下的展会。而现在借助电商平台，无论是个人购物还是企业采购，通过电脑或者手机都可以轻松实现，购物已经成为一种随时随地可以实现的行为。人们的购物决策成本越来越低，消费理念也在发生着变化，不再需要拿出特定的时间用于购物，移动互联网的发展打通了"去中心化"的移动电商入口。

　　长远来看，移动端电商入口和 PC 时代的电商巨头则会形成互补。京东已经在拍拍网上尝试推出"拍拍"微店①这类"去中心化"产品，腾讯利用手机QQ 的好友关系链，推出好友"拼购"的购物方式，实现"社交化"的消费。而不再是直接分发流量，从而建立"中心化"和"去中心化"的共存布局。

　　"去中心化"的关键点在于要让用户时刻都有一种参与感。在供应链上游的采购、产品设计和制造过程中，他们希望提出自己的建议和需求，这也是越来越多个性化定制服务出现的原因。在消费行为发生之前，每个用户都有可能在社区中和远在千里之外的网友交流，分享需求和消费主张，并逐渐形成消费社群。这一点在"妈妈群体"中十分凸显。在母婴论坛和QQ 群中，这一群体交流

---

　　①　2015 年 1 月 7 日京东旗下拍拍网宣布移动店铺管理工具——拍拍微店 APP 上线，但由于运营情况不甚理想，2015 年 11 月 10 日京东宣布在 2015 年 12 月 31 日关闭拍拍网电子商务平台，并在 3 个月的过渡期后，于 2016 年 4 月 1 日起彻底关闭拍拍网。

分享的愿望十分强烈，她们乐意向更多的人传授经验，实现一种情感上的诉求。

作为工业品采购平台，世界工厂网同样也具有"去中心化"的特点。世界工厂网的行业运营商体系就是典型的"去中心化"的表现，采购商在访问世界工厂网并提出采购需求后，会有相关行业的专家提供采购解决方案，其中包含 10 家以上的供应商信息。在这个运营体系内，平台的角色已经被弱化，采购会员、行业运营商、优质供应商形成一套强关系的闭环，而平台则扮演基础支撑的角色。通俗地理解，世界工厂网扮演的是"医院"的角色，行业运营商扮演"医生"的角色，当有"患者"（采购会员）来问诊（寻求解决方案）时，"医生"给他们开处方（提供专业的采购分析建议），并推荐合适的和对症的良药（供应商）或治疗方式。

在世界工厂网的产品体系中，形成了以采购经理社区、大白采购助理 APP、微商铺等一系列能够让用户充分参与的产品。采购经理社区聚集了各行业的采购经理，他们可以在这里分享采购技巧，推荐靠谱的供应商，为他人提供采购建议等。而大白采购助理 APP 的采购圈则是采购经理们的专属朋友圈，每个人的观点、经历、经验都可以开放地分享给其他人，也许你的采购需求在一个小小的采购经理圈就能够轻松解决。

无论是信息的"去中心化"，还是平台的"去中心化"，都是互联网特别是移动互联网发展所带来的信息变革。信息传播的效率被提升到一种前所未有的高度，对品牌价值的传播起到强有力的助推效果，但同时也伴随着颠覆性的挑战。

8.3 营销传播的整合趋势

价值沟通最重要的一点是如何将价值有效地传播。目前，最全面、最具实践性和指导性的传播学理论及方法就是整合营销传播。

整合营销传播是指以企业全面的发展战略为基础，以营销传播主导者为主题而制定的传播战略，旨在与强关系群体进行深入、有效的沟通。简单地说，是为了与用户、投资者、员工、竞争对手、政府、媒体、社会组织等进行有计划、有目的的传播活动。营销传播主导者应始终了解受众的需求，并实时反映到企业经营战略中，持续地提出合适的应对策略。

随着人们对品牌价值的日益重视，对整合营销传播的理解也有所加深。整合营销传播主要是在与消费者、客户及潜在客户以及其他目标群体的沟通中，有计划执行的品牌传播过程。整合营销传播将焦点集中在商业本身，致力于建立一个营销的全闭环系统，其核心在于，所有的营销传播行为都必须是有计划地实施并科学地评估其效果。

我们通常把整合营销传播的策略分为多个由浅入深的层次，每个层次有不同的传播方式和途径。

第一，形象和认识层面的整合。认识是整合营销传播最外在的一层，是品牌对受众产生影响的第一步。形象作为第二个层次，是将品牌个性化、标签化的内容传递到目标受众。形象是一个品牌占据市场的重要一环，必须保持一致性，包括对外传播的信息一致和在不同渠道传播的内容一致。

第二，功能的整合。企业需要将不同的营销传播思路逻辑整理编制，在此过程中的每个关键性的要素和节点都要进行全面论证分析，对优势和劣势都有所掌握，才能保证执行下去不会偏离营销目标。

第三，协调性的整合，即人与营销传播活动的协调性。充分确保人际竞相传播与非人际形式的营销传播一致，将人的传播功能、推销功能与各种营销传播要素整合在一起，例如，从对外发言人到推销人员，其内容都必须与其他渠道传播的内容保持协调性。

第四，整合消费者。消费者是营销传播活动中的核心受众人群，在制定和实施营销策略之前，企业必须充分了解和掌握核心目标消费者的关键性特征，这就需要在了解目标消费者的需求和欲望的基础上进行细分和筛选，经过这些流程后才能开始做营销策划。也就是说，营销策划要能够使战略定位的信息有计划、直接到达目标消费者。

第五，风险共担者的关系管理和整合，它是整合营销的最高境界。营销人员必须认识到目标消费者不是传播覆盖的唯一群体，机构的其他风险共担者也应是传播需要影响的重要群体，诸如企业的员工、股东、渠道商、上下游的合作伙伴等。他们对品牌的认知、信心等很大程度上决定了企业的发展方向，对于这个群体最有效的关系管理和整合，即是在传播策略上对其进行有效传播。

由此可见，整合营销传播不是单一的一种声音、文字或表情，而是需要更多要素和维度共同构成的概念。整合营销传播以潜在用户和已有用户为主要传播对象，开发并实施说服性传播的多种形态的过程。

世界工厂网作为新一代 B2B 电子商务平台，其在价值传播方面的一些做法也具有一定的代表性。例如搜索引擎营销的应用，APP 营销以及微信、平台的搭建和应用，对于企业整合营销传播都有比较积极的借鉴意义。

8.3.1　平台营销

从平台长远发展的角度来看，世界工厂网只专注平台内部的营销是远远不够的。必须制定长远并与企业现状深度契合的营销战略，来全面辅助平台对内对外的整合营销传播。

第一，搜索引擎营销。所谓搜索引擎营销即 SEM（Search Engine Marketing）。随着搜索引擎的发展和普及，SEM 成为近几年主流的网络营销形式之一。简单地说，SEM 就是利用搜索引擎进行关键词精准的投放和推广，以最小的投入，从搜索引擎获得最多的流量，是网络营销形式中性价比较高的一种，其产生的商业价值已被广泛认可。

搜索引擎是目前最为商家所接受的网络营销途径。以中国搜索引擎市场排名第一的百度为例，每天在其平台上搜索总量达 50 亿人次。无论是获取信息还是购买商品，搜索引擎都是人们依赖的第一入口，这也是为什么企业都对搜索引擎趋之若鹜的原因。搜索引擎作为当下流量第一大入口，对于平台的影响不言而喻。

第二，企业形象展示。在互联网上搜索需要的产品时，相对卖家的描述，消费者会更信任第三方媒体的评测和网友的体验情况。通过与媒体的高效对接和沟通，媒体从多方面和多角度对企业产品进行评测，并进行比较，给出中立、客观的评价，为买家提供更权威的选择参考。此外，借助 EDM 营销等形式，能够适时为用户推送关键性的有效信息，保持用户的黏性。

第三，APP 营销。以移动互联网为载体，APP 营销可以说是网络营销的有力补充。它满足了用户随时随地随心享受个性化服务的需求，成为移动互联网下的流量强势入口。企业在进行 APP 营销时，核心即是站在用户的角度去思考产品逻辑，满足用户的需求，最大化体现移动端的优势，给用户带来更友好的体验和更便捷的服务。

第四，新媒体营销。虽然 B2B 企业的用户与 B2C 相比活跃性较低，但粉丝在精不在多，B2B 企业的新媒体应将重点放在内容的专业性、互动的即时性和功能的优越性上，真正借助新媒体和用户进行有效互动，形成在移动电子商务方面的强势入口。

现阶段甚至未来几年内，搜索引擎、APP、EDM、新媒体（微信）还将是企业传播的重要渠道。

8.3.2　搜索引擎营销

8.3.2.1　PC 端搜索引擎营销

随着用户对搜索引擎的依赖性越来越强，搜索引擎已经成为当下最重要的营销推广平台之一。每天都会有数亿的网民通过搜索引擎来查找信息，搜索引擎已经成为互联网时代最大的流量入口。同时，也有大量的商家利用搜索引擎来做营销推广。

搜索引擎营销主要分为三种方式，分别是竞价排名、购买关键词广告、搜索引擎优化。其中竞价排名和购买关键词广告是最常用的两种方式。

竞价排名是指企业为要推广的网页购买关键词排名，选定与产品、服务相关的关键词后，可以通过调整点击的价格，来控制关键词在百度中的排名位置，付费越高排名越靠前。通过关键词竞价排名，企业可以设定不同的关键词来获得不同群体用户的关注和访问。竞价排名决定的是关键词在搜索引擎搜索结果页面的广告展示序列。企业可根据需求和投入来购买合适的关键词，实现较为精准的投放，可以理解为在不同的页面以不同的内容轮流播放广告。

搜索引擎优化（SEO，Search Engine Optimization），是指通过对网站页面、架构、程序代码等方面的优化设计，使得网站对搜索引擎更加友好，在搜索结果中排名更靠前。常见的搜索引擎优化方式包含关键词的优化、内容的优化、内链外链优化以及图片优化。

目前在国内，百度占据搜索引擎市场的份额无疑是最大的，搜狗次之。搜索引擎之所以能够在较短时间内实现飞速发展，自然有其自身的优越之处。

首先是针对性强。在倡导个性化定制的时代，受众每天都接触到海量的网络信息，能够真正对用户产生影响的只是其中的一小部分。在这种情况下，如何能够有效地传递给用户，是广告主最为关心的问题，而搜索引擎很好地解决了这一问题。通过在搜索引擎上进行关键词推广，潜在用户能够通过搜索目标关键词找到企业，因而这些用户都是企业的目标客户。例如，在百度投放"苹果手机"这个关键词，吸引点击的一定是对苹果手机感兴趣的用户。用户的需求和兴趣触发了搜索行为，搜索结果精确匹配到企业投放的内容，从而达到营销宣传的目的。这种精准和个性化的传播形式，是搜索引擎的核心竞争力。

此外，搜索引擎还具有效果可追溯的特点。根据推广带来的网站流量数据，能对搜索引擎的推广效果有比较精确的衡量。通过搜索引擎进入企业网站的用户，都会留下相应的数据统计，企业可以了解到用户从什么关键词点击进去，哪个页面点击进来，排名大概是多少等。这些数据搜集起来后，再与搜索引擎的竞价系统进行比对，搜索引擎的投资回报率（ROI，Return on Investment）就可以直接推算出来（刘树安，2015）。

虽然搜索引擎本身有比较完备的操作系统，但广告的投放依然需要科学的计划。以世界工厂网的搜索引擎推广为例，通过搜索"世界工厂网"进入网站的用户，大多数对平台都有一定认识和肯定。

定位于服务工业品采购的世界工厂网涵盖了数千家行业，每个行业的特点不同，那么在借助搜索引擎推广时需要采用的方法也会存在较大差异，这就需要针对每个行业拿出个性化的解决方案，其中最关键的就是要解决搜索引擎广告的定位精准度问题。

对此，世界工厂网在长期实践中形成了一套全面的工作机制和流程，在搜索引擎广告投放方面，对关键词、着陆页的提交、审核、反馈和确定等都有着高标准要求，同时关键词的点击成本、波动幅度等指标也建立了完善的统计分析机制，最终实现较高的投资回报率。

8.3.2.2　移动互联网搜索

移动设备的发展同样为移动互联网及手机端搜索带来了更多机遇。移动设备最大的好处是方便，因此它能做到无处不在。消费者可以在不同场合搜索产品和企业。只要用户有需要，移动端的搜索引擎营销就会受到更多关注，且市场份额会不断增长。

移动端的搜索引擎营销相对于 PC 端有三个显著特点：

一是更加精准。移动互联网最大的能力就在于"移动"二字，表现在搜索上就是更精准。通过定位获取搜索用户的地理位置，广告主能够在庞大的用户群体中迅速锁定目标，从而有针对性地投放广告。例如世界工厂网的机床工厂店，可以分别针对供应商聚集的地区和采购商聚集的地区，通过地理位置不同投放相应的广告。例如针对供应商投放平台宣传广告，针对采购商投放推广广告，从而在重点的地域获得更高的排名，实现资源的优化配置。

二是成本更低。相比传统 PC 广告，移动搜索营销的单次点击成本（CPC，Cost Per Click）更低。2017 年底，中国移动搜索用户规模已达 6.5 亿人，增长率为 0.94%，较 2016 年同期上涨了 12.7%，增长人数达 7335 万人。目前移动搜索用户规模已趋向于饱和状态，增长速度放缓且较为稳定。国内移动搜索规模已达到 35 亿元，环比上涨 18%，与上年同期相比上涨 114.1%，移动搜索份额已全面超越 PC 端搜索。

三是响应度更高，速度更快。相比于 PC 端，手机端的个人属性非常强。根据谷歌的数据，九成以上的移动设备用户会对搜索引擎的搜索结果采取实际行为，包括咨询、购买等。其他形式的广告很难有如此高的响应度。

为了占据移动互联网市场，世界工厂网也上线了移动站。区别于 PC 端网站，世界工厂网移动站的内容更加简洁，页面上展示的内容都是高质量的精品内容，随时为采购经理提供服务。

移动站并非简单的平台在手机端的延伸，而是代表了一个企业进军移动互联网的决心。2014 年天猫"双十一"狂欢节，手机淘宝的交易额首次超过 PC 端，移动互联网的用户群体增加速度持续提升，消费能力也在不断提升。而对于工业品采购，移动端也是巨头们的必争之地。

未来，平台的移动站不仅需要承担网站的服务功能，更重要的是要与APP、微信公众平台充分联动，一旦这三方平台能够完全打通，移动站强大的功能体系和品牌背书，APP 的便捷性，微信强互动、轻服务的模式，将为用户提供几乎覆盖手机端应用需求的全面服务。此外，移动端的大数据收集也将是了解用户的关键性渠道。

智能手机的大数据处理，最大的困难在于数据收集、分析和技术运用。这也成了企业在移动互联网市场竞争中脱颖而出的关键性因素。有了数据搜集、分析和运用的能力，企业在最初就能够准确分析出用户的行为特点，将用户进行分级，识别出影响用户行为特点的因素，从而为实现用户需求提出个性化和可行的方案。同时，大数据运用让企业对开发过程也有了全局性的掌控，数据可以为产品设计者提供可靠的依据，用以衡量产品的效益、市场接受度等，最终能够保证产品在推向市场时得到认可。

8.3.2.3　大数据时代搜索引擎的营销新趋势

大数据是当前最热门的一个概念，其有 4 个重要属性，即规模巨大（Volume）、产生高速（Velocity）、形式多样（Variety）、潜在价值（Value）。前三种属性表明大数据处理所面对的挑战，而"潜在价值"才是人们对大数据技术追求的根本，因为发觉"潜在价值"是促进社会发展的一个重要手段。潜在价值的发现依靠的是发掘技术。人们可以通过统计的手段来解决指定目标的发掘，从大数据中去发掘潜在价值成为企业所采取的重要手段，产生的经济效益也十分可观。例如，亚马逊的个性化推荐系统，使得提前销售额超过 30%。但是，这仅限于在企业内部，使用企业自己的数据及知识发掘系统来为企业自身提供服务。如果数据是开放的，知识发现能力也是通用的，可否将知识发掘作为一种服务提供给公众呢？事实上，目前已经存在类似的知识发掘服务，例如新浪微博的"知微"分析服务，就是利用自身的数据为公众提供知识发掘服务。

大数据时代，搜索行为需要投放搜索引擎广告，具体包含四个阶段：第一阶段，泛媒体时代，企业的核心理念需要通过不同的信息传播渠道传播，形成口碑影响，甚至是热门话题。第二阶段，在移动互联网时代，用户的搜索行为目的性更强，这建立在消费者认知程序的基础上，在这种情况下，消费者是否能对品牌或产品产生兴趣变得尤为重要。第三阶段，投放的关键词成功吸引到目标消费者后，根据关键词可能形成的轨迹，企业可以有针对性地购买长尾关键词，优化搜索引擎推广内容。第四阶段，关注消费者在搜索引擎上的行为，通过关键词的搜索点击效果分析消费者的消费心理，并随之调整营销策略，进而最大化地降低单次点击成本，提升被传播分享的可能。

大数据时代，搜索引擎营销所沉淀出来的数据有非常明显的针对性，是企业营销传播效果评价的重要依据。它不仅可以帮助企业更加了解市场，了解目标消费群体，还是企业科学制定品牌战略和营销策略的精准参考。

无论是搜索引擎营销的大数据还是平台内搜索的大数据，世界工厂网都做了十分精密的布局。自 2011 年起，世界工厂网已开始重视并挖掘数据的价值。目前，世界工厂网日均追踪并处理供求信息数量超过 2.5 亿条，每天对 150 万个用户超过 1000 万个访问行为的特征进行采集，生成超过 8000 万条的数据。这些海量数据被实时纳入世界工厂网自主研发的各种数据系统中，进行高效处理和深度挖掘，进而形成一系列的数据成果：包括网站用户画像、用户需求划分、云荐、行业采购指数报告生成、智慧工业云和各种数据报告等。

同时，世界工厂网还为企业提供基于大数据和云计算的应用编程接口（API，Application Program Interface），与企业内部的信息化 IT 系统进行融合。未来，世界工厂网在大数据方面的专业成果，有望成为企业"工业 4.0"信息化和互联网应用的标杆。

大数据时代，搜索引擎营销不单单依靠其本身的流量影响和品牌影响，更重要的是要构建出一个科学、有效、合理的分析框架，能够对数据进行分析和演绎，从中获取有价值的数据信息，对营销实践活动进行指导。这就需要企业具备强大的数据存储、数据挖掘和分析能力。这些有价值的大数据，是对企业营销活动效果最精准的评价。

8.3.3　APP 营销

智能手机和平板电脑等移动终端的普及，使移动互联网应用得以快速发展，阅读、音乐、社交、消费领域的各种 APP 客户端成为人们生活的必需品。不管是电商平台还是生活服务甚至是一些传统企业都拥有自己的 APP 客户端。APP 营销已成为十分常见的营销方式。

8.3.3.1　APP 营销经济

APP 营销是指利用苹果 App Store、谷歌 Play Store 或第三方平台，如腾讯应用宝等，发布应用程序，吸引用户主动下载使用的一种客户端应用程序营销方式。这一营销方式通过 APP 发布产品信息、品牌信息、服务信息、活动信息等一系列内容来达到营销目的。APP 营销的针对性较强，加上其独有的定位功能，使其在移动互联网整合营销服务中有着独特价值。此外，移动设备可随身携带的特点，使得 APP 成为传统媒体进入互联网的切入点，不仅是报纸、杂志，互联网平台也将 APP 作为布局移动互联网的关键性一环。

在单向的"产品经济"转变为双向的"体验经济"的背景下，企业应运用好自身的 APP 进行有效营销实现与用户紧密互动。单向的"产品经济"是针对用户进行单向传播，靠灌输理念达成交易目的；而双向的"体验经济"是通过与用户进行深入沟通建立起稳定、活跃的对话机制来实现。

企业在考虑自身的产品特点是否符合用户需求时，还需要思考什么样的产品特点才能真正满足用户生活或心理诉求，引起用户的共鸣。只有深入挖掘用户的内在需求与喜好、以用户数据分析结果为支撑才能总结出用户的需求与喜好，准确把握客户所想所求，准确捕捉用户心理活动，并将这种心理活动与 APP 营销进行结合，最大限度地引导客户参与其中，以进行营销（胡保坤，2015）。也就是说，从 APP 的产品设计到营销传播，都必须从用户的需求出发，以用户为中心。游离了用户的 APP，就脱离了移动营销的本质。

8.3.3.2　采购经理的"圈文化"

2015 年世界工厂网推出了一款名为"大白采购助理"的 APP，定位为采购经理的日常使用工具。"大白采购助理"上聚集了大量的供应商信息，方便采购经理能够随时随地查找产品信息。

　　与消费品不同，工业品采购涉及因素较多，产品型号、生产周期、企业资质等都是采购经理需要参考的重要信息。在功能上，"大白采购助理"沿袭了世界工厂网为工业品采购推出的一系列定制化服务，凸显了其精准、高效的特点，如速采工具，用户可以在 APP 上提交采购需求，24 小时内会得到由该行业专家推荐的 10 家以上的优质供应商，帮助采购经理作出采购决策。除此之外，APP 内的供应商信息还包括历史询盘、成交情况和信用记录，并与工商系统直接相连。也就是说，在"大白采购助理"APP 内，采购经理可以了解到供应商多个维度的详细信息，为采购提供更精准、科学的决策依据，提高采购效率。

　　APP 最显著的特点是其便利性，在"大白采购助理"上，用户可以通过更便捷的方式来使用，比如拍照上传图片查询企业、搜索产品，最大化地发挥移动互联的优势。同时，大白采购助理的企业数据与世界工厂网企业连接，用户能够在非常短的时间内获取精准的产品或供应商信息，加上有工商系统的权威数据做参考，最大化实现移动采购的愿景。

　　此外，大白采购助理 APP 还独创了"采购圈"，在采购圈内，采购经理可以共享资源与信息，每个采购经理也将形成强互动的关系。不仅能够像 QQ 空间、微信朋友圈那样进行日常的分享和互动，也可以就每个人采购过程中的需求和问题进行交流和推荐，从而在 APP 内部形成一个从搜索、信息获取到交易进而分享的过程，并带来二次甚至三次传播效果。也就是说，用户在 APP可以很方便地查找到产品信息，通过将优质的产品信息或供应商分享到采购圈，让更多的采购经理低成本地获取到高质量信息，也是提升采购效率的一个有效方式（见图 8 - 2）。

　　同时，对于优质的供应商来说，采购圈也成为他们品牌传播的一个集散地，优秀的企业和优质的产品将受到更多采购经理的关注和认可，从而在整体市场形成"良币驱逐劣币"的环境。在大白采购助理 APP 上，APP 不再仅仅局限于信息的获取甚至是产品的交易，而是不同行业、不同背景企业采购行为的碰撞和交流。

　　由此可见，以用户为主导的双向甚至多向活动才是当下 APP 营销模式的主旋律，这种模式不但有利于为用户提供更全面、更立体的服务，也有助于用户黏性和 APP 品牌影响力的提升。企业只有真正抓住用户的诉求，充分利用碎片化的时间，最大限度地与用户进行随时、随地互动交流，才能抢占 APP 营销的先机，最大幅度地吸引用户成为 APP 的长期受众，在互动中真正拉近与用户之间的距离。

图 8 – 2　世界工厂网大白采购助理采购圈

资料来源：世界工厂网。

8.3.4　EDM 营销

EDM 是 Email Direct Marketing 的缩写，即电子邮件营销，是目前比较常用的一种营销方式，特别是对于 B2B 企业来说，EDM 营销的实用性和效果被广泛认可。

EDM 营销利用 EDM 软件对相关内容进行发送。企业通过 EDM 服务，向目标用户发送 EDM 邮件，建立与用户之间的长效沟通机制，向其传达相关信息，从而促进用户产生访问、咨询、交易等行为。EDM 的用途很多，可以根据企业的不同需求定制相关内容，发送电子广告、产品信息、销售信息、市场调查、推广活动等。

　　EDM 营销可以说是一种相对"古老"的营销方式，但却是企业喜爱的营销方式。之所以如此受追捧，根本原因是 EDM 营销的投资回报率十分可观。其显著优点是简单、高效、直接触达。简单是指内容简单，操作简单、直指核心；高效是因为 EDM 有着其他营销渠道所不具备的高投资回报率；直接触达是指能够确保营销内容的高到达率。

　　当然，随着营销传播形式的不断创新变化，EDM 营销也有了新的展现形式。比如与 HTML5 技术相结合，在 EDM 邮件中加入交互效果，能够吸引用户查阅邮件并进行二次传播；在 EDM 营销中嵌入视频也是一个创新的方式，有数据统计，在 EDM 邮件中加入创意性的交互效果或个性视频，邮件的点击率可达到约 150% 的增长。如世界工厂网供应商在收到询盘推送邮件后，打开邮件，点击邮件中的链接到平台上，提交企业及产品的基本信息，并获得采购商的询盘，这一系列行为，平台都可以进行有效追踪，所有统计和分析数据都将对下一次营销提供依据。也就是说，通过对 EDM 过程的有效分析，可以追溯到用户的每一个行为，在检验营销效果的同时，为下一次营销提供参考。

　　传统 B2B 平台 EDM 营销多以发送广告邮件为主，借此来提高平台活跃用户的数量。不同的是，世界工厂网的 EDM 营销是为平台内的采购会员和供应商推送更有价值的信息。针对供应商，世界工厂网 EDM 营销的主要目的是推送相匹配的采购信息，让采购商能够更多的选择，同时也为供应商带来更精准信息。针对采购会员，世界工厂网根据会员在站内的浏览、搜索和访问行为，将与会员最相关的供应商和产品信息通过邮件推送给采购会员，保证内容对会员有价值。此外，平台内为采购会员策划的相关活动，也可以通过 EDM 营销的方式来告知会员，吸引他们更多地与平台产生对话和互动，将平台和用户真正连接起来。

　　EDM 营销的核心在于策略和方案的制订。设计什么样的内容场景和表现方式，会让目标受众接受你所推荐的内容？虽然 EDM 营销是一种强推的广告形式，但"不走心"的营销内容必定会被目标用户认定为无效信息，引起他们的反感，甚至影响企业自身的品牌形象。只有受众认同的、对他们有价值的信息才能做到有效触达，并形成良好的推广效果。只有这样，后期对数据的挖掘和分析才能为企业和用户带来价值。

　　营销传播有一个"营销闭环"的概念，就是在执行完营销活动后，需要对后续的营销效果进行监控、跟踪和数据搜集，再对结果进行分析总结，找出优劣之处，不断优化执行方案，使 EDM 营销的效果持续提升。

EDM 营销虽然是比较传统的传播方式，但其多样性的创新层出不穷。与以往的通知类、广告类 EDM 内容不同的是，未来 EDM 也需要考虑如何让用户产生兴趣，这种兴趣不仅能够促使他点击邮件内容，更多的是能够与企业进行互动，从而直接引发其二次、三次的自发传播。例如，巴宝莉的一封 EDM 中，就创新性地引入了祝福传递的交互效果，画面精美，极具观赏性，与其目标消费者注重生活品质的感情诉求相契合。消费者收到邮件后，被内容所吸引，并产生共鸣，很好地迎合了他们的情感诉求，从而引发更大范围的传播。有时二次传播甚至三次传播所发酵的影响力甚至远远超出原始邮件投递的效果。这就是高质量内容传播形成的强效矩阵。

未来，企业在 EDM 营销还需要不断尝试和探索，随着受众对信息免疫力的提高，是简单直接的信息转化率更高，还是有创意讲情怀的内容转化率更高，是我们思考的一大课题。

8.3.5 新媒体营销

区别于传统媒体营销，新媒体营销最大的特点在于更重视与用户（粉丝）之间的"互动"和"情感交流"，也就是常说的"卷入"。相对于电视、报纸、广播、户外等传统媒体的"生拉硬拽"来说，新媒体探究的是如何将客户深度卷入进来。

8.3.5.1 新媒体营销是深度卷入

新媒体营销具备八个典型特征：一是受众范围广。相较于传统媒体，新媒体有更多的受众群体。截至 2017 年 6 月底，我国的网民总数已达 7.51 亿人，其中包含手机网民与宽带网民，这些都是新媒体营销的潜在受众。二是跨时空。新媒体的出现打破了时间与空间的限制，受众可以通过移动设备，随时随地浏览相关信息。三是交互性强。新媒体让互联网的交互性变得更为突出，它改变了传统的单向传播方式，受众可自主选择某类信息，并对信息进行评价，同时也能通过新媒体与更多人进行交流。四是直观性强。利用新媒体技术可实现文字、图片、声音等多种形式信息的传输与交换，具有较强的直观性。五是经济性。新媒体通过互联网进行信息传播，与传统媒体相比可减少人力、物力、财力的投入，具有较高的经济性。六是高效性。新媒体利用计算机及网络技术，存储的信息量极为丰富，可供消费者随时随地进行有针对性的搜索、查询，让受众的需求得到高效满足。七是多媒体展示。新媒体在信息传播形式上极为丰富，包含图像、文字、声音等多种形式，并且也可以利用多种形式实现信息的互动交流。八是技术性。在新媒体营销过程中，需要高水平的技术支持，包含交互技术等多种形式。

总之，新媒体营销的核心在于以最小的成本尽可能地覆盖更广泛的受众群体，提高影响力并触发受众行动。具体表现就是与用户形成关系，建立情感链接，形成裂变式的传播和切片营销。

当前，我们处在一个"我时代"，追求个性化是每个个体的核心需求，信息呈现出有趣比有用、有意思比有意义更容易传播和风靡的特点。同时，新媒体营销的基础是联系，即人与人之间的联系和信息与人之间的联系。你本人跟我有联系，你传播的信息跟我有联系，我才会愿意接受你的信息和产品，与用户建立联系才能触发他们的进一步行动，这种行动的触发是人们对营销的反馈，也是判断营销是否有效的标准。

情感共鸣是建立和维护这种联系的一个重要手段。新媒体营销过程中情感上的渗透常常发生。例如在微博上，很多品牌会每天有计划地向粉丝推送一些或温暖、或励志、或有趣的内容，早安、晚安的问候，节假日的祝福等。这种有针对性、有人文关怀的沟通方式能够使品牌与用户之间建立起稳定的情感连接，从而增强用户对品牌和产品的了解。在长期的沟通对话和互动中，用户对企业和品牌会产生更多好感。微信也是如此，微信营销的核心优势是强关系，不论是好友还是公众号都是用户主动添加关注，其信任基础较好。同时，这也给微信营销带来了更大的挑战。微信营销对于内容的精准度和匹配度要求更高，假如一个定位为汽车发烧友的微信公众号，其吸引的必定是汽车爱好者，推送的内容也与汽车紧密相关，符合目标受众的诉求和爱好。如果推送美容信息，则与粉丝们的要求大相径庭，粉丝的好感度立刻下降，有可能引发粉丝大量的流失。

除内容形式，新媒体的内容传播也呈现出鲜明的特点，最重要的是碎片化传播，这是新媒体传播最为高效的一种形式。碎片化的核心是"微"，具体表现为微话题、微游戏、微内容等。一方面，阅读微内容不会占用受众群体大量的时间，传播和参与互动的门槛会大大降低，在此过程中，每个参与传播的人都是一个重要的点，每个点都能够向外发散出更大的能量，影响到更多的人。另一方面，这时信息背后的真相和结果都不再重要，参与者看重的是自我表达的诉求得以实现。这也是为什么在新媒体传播过程中，常常会出现理智声音被淹没的情况。这就需要企业在进行新媒体营销时注意掌握节奏、控制大局、把握好传播方向。

大部分传播行为都是为商业化服务的。微信商业化的形式包含营销、电子商务、微游戏、增值业务（如微店）等。在微信的生态体系中，参与主题不仅仅有个人，还有企业和机构。针对个人与组织的不同，其面对的 B 端和 C 端的客户群体，又是不同的盈利模式。对于客户群体是 C 端的企业来说，受众群体是个体，有十分明显的个性特征，相应的营销形式更加丰富、多样化，效果转化、数据搜集、客户管理及服务也都更有章可循。而 B 端的客户群体则是企业，营销门槛相对较高（胡威，2015）。

在过去几年，B2B 企业对于新媒体营销的重视程度非常低。大多数 B2B 企业的市场人员认为，B2B 企业是企业间的商业行为，也就是说一家 B2B 企业的客户仍是企业，而不是普通消费者，运用新媒体很难对其市场营销计划产生较大的影响。但随着新媒体的发展，特别是微信的大范围应用，很多 B2B 企业又开始重新重视新媒体营销。

正是因为对新媒体的了解程度低，大部分企业将新媒体看作是与电视、报纸、网媒一样的新的信息渠道，并且也是以这样的思路去做新媒体营销，但最终收效甚微，甚至形成恶性循环。这也坚定了多数企业认为的"B2B 企业不适合大张旗鼓做新媒体营销"观点。世界工厂网作为一家 B2B 电子商务平台，在新媒体营销方面的尝试很具有代表性。

8.3.5.2　服务型的新媒体

世界工厂网的新媒体营销以微信为主要阵地，目前世界工厂网官方开通的微信平台主要有两个，分别是世界工厂网采购助理和世界工厂网供应商助理。世界工厂网将微信定位为服务型媒体，与用户进行更多、更深入地交流和沟通。

在世界工厂网采购助理的微信平台上，绑定了 PC 端平台的核心功能，例如行业专家咨询服务，企业核查及其他配套采购服务。这样一来，用户可以通过微信来查找供应厂家或产品，实时发布采购需求，接收行业专家提供的采购解决方案，并根据自身情况来配合使用，技术上实现了 PC 端平台与微信平台的无缝结合。

同时，世界工厂网采购助理也为采购经理们提供了更具阅读性的内容和高参与度的活动，最大化地吸引用户通过微信平台与品牌产生直接、频繁的互动，提高用户对微信平台的依赖性和认同感，同时用户本身也能获得更便捷的服务和体验。

而在世界工厂网供应商助理的微信平台上，供应商不仅可以随时随地收取平台发布的一系列高质量内容，包括平台产品的最新动态、电商应用知识、采购需求等，还能通过世界工厂网独家推出的微商铺功能实现随时随地处理询盘。

世界工厂网基于微信平台推出的微商铺功能是平台与微信最深入的结合。供应商通过世界工厂网供应商助理微信账号，即可实现企业商铺的登录，而且可以在上面实现产品发布、询盘咨询接收等多样化的功能。

世界工厂网实现了新媒体营销效果的最大化，新媒体不再仅仅是信息沟通的平台，更重要的是解决了用户的刚性需求，增加了用户黏性，这正是新媒体营销的终极目标。

微信对于移动互联网的发展带来了深刻影响，其所在的即时通信领域一直是巨头竞争的重要领域。而微信的成功让巨头们看到了移动即时通信应用的巨大潜力。未来，轻型应用将成为移动互联网的一种常见形态。事实上也是如此，微信公众平台正在逐步开放越来越多的接口，开发者可以通过接口在平台上搭建个性化的应用，不需要像本地应用（Native APP）一样进行下载。

新媒体所承担的角色不仅是信息传播、分享、与粉丝轻松互动的平台，也不只是简单的轻服务平台，更重要的是，新媒体特别是微信端，不断升级优化的功能，使之与企业移动站、APP 高效连接，共同形成一个基于移动互联网的整合营销生态圈。

在 2016 年 1 月的微信公开课上，张小龙透露，微信正在开发应用号。所谓应用号就是微信将变成一个内部的 APP store，但不再是单一的 APP，而是基于微信系统内的功能集成，如订阅号、服务号一样，这反映出微信越来越强调服务的价值。借助强大的社交功能，微信的用户活跃度非常高，应用号的出现或将弥补目前公众号和服务号在功能上的短板。这一功能将成为未来重要的营销渠道，将为企业提供更多可能。可以预见，未来微信是移动互联网时代应用价值最高的平台之一。

综上所述，企业的价值分享与传播归根结底是为了最大化地影响和打动目标用户群体，与他们产生共鸣，并形成转化。

第9章　新工业文明时代的价值维护

工业与互联网的深度融合孕育出新的工业形态，价值被发现和创造之后，通过信息的"去中心化"、平台营销、APP 营销、EDM 营销、新媒体营销（微商铺营销）等进行传递，让用户共享新工业形态带来的价值。为了保证价值的高效传播，企业需要通过建立定制化和个性化的 CRM 系统做好客户关系管理，进行必要价值维护，保持开放的心态、创新的精神和服务社会的意识，确保客户保持对企业价值的认可，企业能够不断为客户创造新的价值。

9.1　利用大数据进行价值维护

大数据是近年来互联网行业频繁出现的词汇，是近年来随着互联网发展产生的新概念、新方法，其理论基础是统计学、心理学和经济学。数据挖掘是大数据时代的基本功能，是从大量的数据中分析并发现隐藏其中的有特殊关系的信息。企业已经看到了数字资产的重要程度并不亚于原有厂房、设备等生产资料，目前随着我国宽带基础网络设施的快速推进，网络信号覆盖了大部分企业和居民，网络世界每时每刻都在产生海量的数据，大数据便是这各种数据的总和。数据挖掘作用和意义变得更为关键和具有战略性。利用数据挖掘技术探索数据的逻辑，能够使纷杂的数据变成有价值的信息，进而为企业服务。因此，以数字资产和大数据为基础的客户关系管理，已成为每个企业的核心业务。

9.1.1　CRM 的概念和内涵

客户关系管理（CRM，Customer Relationship Management）是企业利用信息技术，通过对客户的跟踪、行为习惯分析、管理和服务之后总结出来的留住老客户、吸引新客户的手段和方法。在经济快速发展的当今社会，企业发展的中心不能只放在提高产品的质量上，若想真正留住客户，还需从人本的角度出发，为客户提供优质的定制化服务。

客户关系管理这个概念最早产生于美国，在发展初期人们只是把它作为一种管理理念，例如市场营销、知识管理和关系营销等。营销学作为一门学科，有近百年的发展历史，其管理思想和方法对企业的生产管理模式都有着深刻的影响。工业经济时代，长期占主导地位的是企业，企业以利润最大化为目标，采取规模化和专业化的生产方式。互联网快速发展，使得市场主体发生了变化，从以前的卖方市场转向买方市场，客户在产品选择上的空间增大，客户的需求也呈现多样化和个性化的趋势，这些变化促使企业更重视对客户关系的管理与维护，根据客户需求提高企业的产品和服务质量。

CRM 系统最早是由企业提高销售率的一种工具进化而来，经过多年的发展完善，至今其内容已经不仅仅针对销售方面，还涉及企业运作、数据预测、订单跟踪、售后服务等方面。随着市场经济的不断发展，商业模式的不断变革，加之每个企业的销售体系、市场定位、企业运作模式、经营模式不同，使得CRM 系统开始逐步走向定制化时代，通用的 CRM 系统模式已经不能满足快速发展的商业需求，CRM 系统需要随之调整，根据企业具体情况进行定制化研发。

9.1.2　大数据对 CRM 的影响

大数据已经渗透到全球经济的各个领域，互联网用户每日的行为所产生的数据信息量是我们难以想象的。企业通过大数据的分析，轻松掌握客户的消费习惯、消费爱好、消费能力、实时定位、物流、配送等信息，解决商业难题、提高生产力、明确生产方向、锁定消费群体、实现定向化营销。企业从海量数据中分析出一定的特征，进而预测未来可能会发生什么，因此大数据最本质的应用是预测。大量的数据信息流入到大型的数据库之后将会大幅度提升预测广度和精度。

根据国际数据公司（IDC）2014 年 12 月的研究报告，在 2011 年，全球被创建和被复制的数据总量超过 40ZB；预计到 2020 年，这一数值将超过 35ZB。数据呈现出多样性、复杂性、实时性、低价值密度等特征，正是由于信息技术的发展，大数据才能生成和发展。大数据的核心是预测能力，通过数据处理和分析技术获得数据的价值，因此"大数据"一定会对现代企业的运作、服务、管理、营销起到无法代替的作用。我们生活在一个数据爆炸的年代，移动互联网、云计算等现代信息技术的发展让数据量搭上腾飞的火箭。以客户为导向是电子商务时代的一个最主要的特征，企业的客户千差万别，客户需求复杂多样，未来的方向就是要对不同的客户提供定制化服务。

大数据所带来的价值对于电子商务来说至关重要。以世界工厂网为例，由于市场定位为专注工业品领域的采购，并且优先服务企业的采购经理，那么世界工厂网所得到的数据都是围绕着工业品领域的采购数据。根据不同行业品类的用户习惯和交易特征，世界工厂网的客户管理系统开始收集用户所属的行业类别、企业背景、采购需求等信息，用户进入平台之后，平台的行业运营商能在第一时间进行识别，从而提供更好的精准服务。

9.1.3 世界工厂网的 CRM 系统分析

世界工厂网的客户关系管理系统，希望帮助工业企业保留住用户（采购商和供应商）来维持企业利益的最大化，它以提高工业企业采购经理满意度为终极目标，通过记录用户的信息来提高对目标群体的营销效率，是一种单向的行为。世界工厂网的服务核心是企业的采购经理，被录入到世界工厂网的CRM 系统中的客户是供应商，这并不会与世界工厂网的服务核心相互矛盾。事实上，世界工厂网为供应商提供的一些增值产品服务，其目的是希望供应商能够提供更好的产品和服务让采购商满意，从而提高订单成功率，终极目标还是服务于采购商。

世界工厂网 CRM 系统的功能介绍如下：

9.1.3.1 系统功能

供应商的信息和数据录入到世界工厂网的 CRM 系统后，会有五种功能：一是客户查重功能。客户查重功能是 CRM 核心功能之一，避免销售录入重复客户，规范销售秩序、提升销售效率。客户查重是系统中访问量最高的应用，为解决搜索服务查询与实时之间的关键技术点，引入了消息队列服务消息中间件，对于系统内千万级的客户信息进行异步同步化，可以支撑客户查重的实时搜索、支持行业、录入时间、创建人精准筛选等功能。PHP 后台常驻进程实时刷新客户信息。全文索引创建全自动，最短可以缩小至 1 分钟就可以将提交的数据加入到索引中。二是客户管理功能。进入到 CRM 系统中通过第一步的查重之后，可以新建客户，完善相关客户的企业信息，由于被录入系统的客户是工厂供应商，因此也要填写工厂的产品信息和参数，对生产的产品进行分类，分类可以从两个维度：（1）行业类别；（2）标品和非标品。客户的联系方式尤为重要，要有手机号码、QQ、E-mail、微信等，可以设置下次与客户的联系时间和到期提醒。除此之外还可以设置时间段内未联系客户释放到公海的机制，保证客户信息的有效利用。三是统计功能。销售人员对客户可以进行分级标记，例如订单已经成交就被列入 1 类，已交定金的客户就被列入 2 类，有意向交易的客户被列入 3 类，正在洽谈业务的客户被列入 4 类等。在分类标记之后，完善客户来源等相关的客户信息。成单后的 1 类客户还可从不同纬度统计相关的成单信息。四是提单功能。当被录入的客户变为 1 类客户时表示已成单。销售人员可提交订单信息，系统会自动分配到（可指定）订单信息，包括订单种类及客户推广词的详情。金牌客服接收到信息之后开始审核该提单申请，并检查相关的合同以及推广词，由金牌客服来确定通过或拒审。审核通过之后就可扣款成功。销售人员的账号会受到提单成功的提示，该客户就进入了金牌客服"我的客户"列表。若被拒审，则重新提交申请，流程不变。五是渠道管理功能。在 CRM 的系统中负责开通各个渠道的 Admin 账号，渠道的 Admin 账号可以新建销售主管以及销售人员账号，该账号由点金台订单部人员负责控制，达到监控各渠道人员的状况。Admin 账号可以自定义设置各渠道领取机会的上限，渠道销售主管账号只能在范围内调整领取总上限及每日领取上限。世界工厂网的 CRM 系统用户组如图 9 - 1 所示。

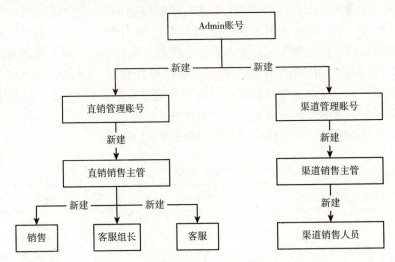

图 9 - 1 世界工厂网 CRM 系统用户组

资料来源：根据世界工厂网内部资料整理。

9.1.3.2 世界工厂网 CRM 系统说明

一是账号注册。渠道商 Admin 账号注册是需要利用直销商 Admin 账号在 "系统管理""添加新渠道" 里添加渠道商 Admin 账号，需要选择渠道商类别和区域。A 级渠道商的选择区域不能被重复添加。销售主管的账号注册是利用直销商或者渠道商 Admin 账号在 "系统管理""用户管理" 里添加销售主管的账号。其他注册账号利用直销商的销售主管账号 "系统管理""用户管理" 里可增加 "销售人员""客服组长""金牌客服" 等用户组。

二是新建客户。新建客户之前需要输入公司名称进行全库的查重。渠道商账号查询时，当查询信息不属于该渠道商时，屏蔽联系方式，状态不显示，该信息无法查看；当查询信息属于该渠道商时，联系方式正常显示，如该机会属于公海则可领取，若已被领取，可以点击查看。直销商账号查询时，当查询信息属于渠道商时，正常显示，可点击查看；当查询信息属于直销商时，若该机会属于公海则可领取，若已被领取，可点击查看。经查重后若判断库中无雷同信息，可以 "新建机会" 并完善信息。

三是设置联系时间。世界工厂网 CRM 系统的客户管理功能中，会设置联系提醒。客户列表中会显示 "急待联系""即将到期"。在公司动态中设置下次联系时间，到期前 3 天出现在 "急待联系" 的列表中，默认排序是按照预约时间从先到后进行排序。点击查看就会跳到公司的动态页面。所领取的客户在设定时间内没有任何联系记录则会出现 "即将到期" 列表中。例如，系统设定当客户 3 个月内未被联系将被释放到公海池，释放前 15 天，系统中的即将到期列表会提醒销售人员哪些客户即将被释放。

四是我的成单。我的成单显示效果如表 9 – 1 所示。

表 9 – 1　　　　　　　　　　　　我的成单

扣费情况	成单审核	操作
暂未扣费	未审核	提交申请
暂未扣费	未通过	提交申请
已扣费	已通过	查看

资料来源：根据世界工厂网内部资料整理。

单击"提交申请",当选择成单种类为"点金台标准版"时,下方会默认显示标王词(三个词 + 推广链接),当选择成单种类为"点金台黄金版"时,下方默认显示标王词(五个词 + 推广链接)和推广词(五个词 + 推广链接)。

五是我的动态。动态分为销售人员、金牌客服和金牌客服组长。销售人员"我的动态"操作种类分别是新建、领取、转移、分配、释放、导入、添加小计、设置联系时间、上传凭证等。金牌客服的动态操作种类为系统分配、添加联系小计、审核成单信息(通过或拒审)、完善信息等。金牌客服组长的动态操作种类有审核成单信息(通过 or 拒审)、完善信息、资金充值(渠道商账号 + 金额)等。

六是通话。销售人员的通话列表中包含"电话外呼""外呼列表""来电列表"等。

电话外呼可以直接在界面的输入栏中输入客户的电话号码,点击通话键就可通话。外呼列表和来电列表对通话的客户名称、外呼号码、外呼时间、通话时长、外呼人都有详细的记录。

七是统计和资金。在统计列表中很清晰地记录了该销售人员领取客户数量总计、系统根据页面留言、充值留言,腾讯 QQ 留言、成单个数得出成单转化率等。在资金列表中会显示"充值记录""扣款记录""账户余额"等。

9.2　通过融合开放进行价值维护

随着互联网的深入发展,信息技术帮助企业在产品、研发、技术、管理等方面提升效率,快速发展。企业在发展过程中需要保持融合开放的心态,产业之间融合带动企业之间的相互合作、协同创新,为企业创造更多的价值。产业之间的融合并不是简单的产业与产业的叠加结合,而是在产品、技术、业务等方面的相互交叉、相互渗透、相互融合。

9.2.1　产业融合

产业融合是未来产业发展的必然趋势,随着新技术、新革命的快速发展,信息技术和产业的高度融合是产业结构调整和优化的必经途径。根据目前市场发展的形态来看,产业融合可以从两个层面来思考:第一个层面,为了适应新常态下产业增长出现的旧产业消失或革新,这个方面主要是互联网信息技术、通信技术、广播电视之间的融合；第二个层面，产业融合是一个由信息技术革命引发的、创造性破坏的产业动态发展过程。体现的形式主要是产业间的交互融合以及同一个产业的不同行业之间的相互融合渗透，从而形成新的产业属性或者新的产业形态。万物互联时代的到来，产业间互相融合的过程中衍生出来的重要因素会在很大程度上帮助企业提升生产能力和扩充业务范围，引起全新的产业革命。

产业融合趋势的前期是有发展动力的，动力因素分为外在动力和内在动力。外在动力是指经济全球化的迅速推进、令人捉摸不透的需求变化、产业各方面的管理制度放松等。内在动力主要指内在因素，包括观念创新、技术更新升级、范围经济等。产业融合的分类除了产业与产业之间的融合，还有产品、技术、业务等方面的融合。

事实证明，产业之间相互融合现象的出现，催生了许多新兴产业，它不仅可以加快产业结构升级的步伐，更重要的是会引发新的创新和产业革命。产业融合打破了原先产业的产品、技术、业务、市场、运作等方面的关联边界，迅速促进新产业的出现。

产业融合的客观反映主要包括：信息技术产业的发展、产业结构的升级。产业融合是现阶段促进经济转型增长和现代化产业发展的重要趋势。产业融合发展的必然结果是不断快速、便捷、有效地满足客户需求。随着互联网与人们日常生活的紧密结合，传统行业与互联网技术的相互融合发生着前所未有的变革创新，商业模式发生巨大的变化，变革之中又创造无限商机，为创业带来更多的机会，为企业带来更好的发展。在传统行业的商业模式中产生出来的价值链分析与互联网思维下的产业价值链分析大不相同。互联网思维认为，越复杂，（边际）成本越低；而工业化思维认为复杂不经济，越复杂，（边际）成本越高。有了互联网思维的指导，在分析生态价值链时就有更多的发散思维，可以挖掘更多的发展机会。

产业之间相互融合的例子有很多，比如信息产业与制造业之间的融合，在互联网快速发展的时代，信息技术产业与工业制造业相互交叉、渗透、融合，并在两个产业的价值链的基础上重新构造一条包含与被包含的关系，也就是说信息产业的价值链上面有制造业，制造业的价值链上面依托了信息产业的价值链，这是两者增值环节的新型产业价值链，在这条价值链上附有更多的内涵和更多的增值点。长远来看，将会有更多的价值、机遇以及长期增长率，最终将会改造升级原有的制造业。

9.2.2　开放式创新理论

亨利·切萨布鲁夫最早于 2010 年提出开放创新的理论，他认为企业可以通过将内部和外部市场资源和渠道整合起来的方式创造新的价值，这是企业在进行创新的过程中不可缺少的重要方式，同时也是建立企业内部机制的创新方式。

在企业发展过程中，要根据自身的实际情况进行各个方面的创新，不仅仅是在产品、技术、模式、管理等方面，开放式的合作也是一种。技术升级创新的过程是开放性和非线性的，需要借助引进其他的技术资源来创新企业模式。

开放创新要注重企业对内部和外部资源的有效整合，开放的本质是将引进的外部资源进行学习和利用。对于开放互惠的创新资源整合模式拥有不同领域的理论知识和应用逻辑，这种创新应用不仅是放在传统企业的产品生产经营上，还可以通过整合外部的技术许可、委托研究、技术并购、战略联盟等，经济有效地获得适合自身发展情况的创新资源，从而降低本企业的技术成本和风险，提高企业的经济效益。

李克强总理提出"大众创业，万众创新"并将其提升到国家层面的科技创新战略，是新形势下的必然选择。如今社会已经到了创新时代，不创新就会被淘汰。例如手机行业的诺基亚曾经是手机中的一代霸主，几乎在一瞬间就被苹果手机所取代。传统的旧模式被新模式取代的案例比比皆是，企业闭门造车自主研发已经远远跟不上时代的快速发展，唯有开放创新，降低成本和风险，增加企业的效益。海尔原先是封闭的传统型企业，2012 年开始提出网络化战略，从此海尔开始了开放式创新战略。海尔的员工变成了创客，企业变成了平台，所有的需求方、技术方、设计师的角色都发生了变化，需求方可以是技术方，技术方可以是需求方，也可以是设计师，资源与消费者可以直接交互，实现信息对称，对企业、平台和用户都带来了巨大价值。

世界工厂网独创了"行业运营商"的商业模式，这是一种开放互惠的模式。具体而言，行业运营商是世界工厂网发掘各行业具有丰富传统经验的专家、团队、企业，通过世界工厂网的在线采购平台为采购商提供专业的咨询和指导服务，从根源上解决采购商在生产、配套等环节的问题，提供最优的产品推荐和解决方案。对于世界工厂网来说，平台做好平台的工作，不必多花费人力成本、时间成本和资源成本组建新团队，行业运营商的主要职责有招商筛选、信息审核、业务服务、采购挖掘等方面，由于工业品不同于日常消费品，工业品的交易模式、生产方式、供货周期等都比较烦琐和复杂，短时间内很难重新培养，如果没有多年的行业背景，很难支撑这个行业工厂店的运行。行业运营商是一个专家的角色。

互联网的快速发展，奠定了未来的发展方向就是开放融合。在业务层面，互联网、运营网和企业网正在交互和融合，技术的变革和创新也在推动互联网产业不同业务领域和不同厂商的融合。同时，互联网正在各行各业系统中广泛应用，必须用开放统一的标准来保障业务系统的融合应用。很多企业还是陈旧的固化思维，对开放模式的认识缺乏深度，部分认为开放模式就是对外的免费模式，这种理解存在很大偏差，会直接导致整个企业经营难以继续。企业必须根据自身的情况进行清晰定位，只有准确了解自身在整个生态系统中的位置，才能分析是否开放、如何开放。假设企业的核心技术资源能力很强，即使分享给产业链上的其他企业，也不用担心对自身的竞争优势产生冲击力，反而会获得更大更好的发展。

9.2.3 "两化"融合的基本内涵

9.2.3.1 总体把握

国家提出"两化"融合的发展战略，加速提升发展信息化和工业化，实现经济转型，信息化的发展已经让人们感受到它所带来的巨大影响力，如今互联网的快速发展，工业化要想提升新格局就越来越离不开信息化，这两者相互渗透、相互融合，渗透到工业的新发展，推动和影响国家工业化的发展。从两个方面来对"两化"融合进行总体把握：

一是"两化"融合是将工业化产业和信息化产业之间的相互交叉、渗透和融合，而不是简单将两者组合在一起，两者融合之后对实现经济转型升级起着至关重要的作用。技术方面从单一产业链到多种产业链的协同应用，业务方面从单项发展到多项发展，生产环节的优化从部分到整体，服务从单一的产品到一体化服务。

二是从战略上分析，"两化"融合可以构建全新的产业生态系统，从技术、产品、生产、业务、管理、智能制造等每个部分均是全新的组织体系和运作模式，从内到外的全面推进工业化的转型升级和持续发展。

9.2.3.2　主要内涵

"两化"融合主要内涵包含产品、业务、技术、产业方面的互相融合。

一是产品融合。产品间的融合主要体现在将信息化技术与产品生产的整个过程结合起来。比如说，将信息技术与生产过程中的产品设计、产品研发、产品生产、产品管理、产品销售、产品存储等所有环节结合起来，不仅提高生产力和生产效率，而且整个产品生产过程中所有环节的信息化集中转化应用，形成新的产业链体系，从而真正实现产品智能化。

产品智能化主要体现在产品生产水平和技术方面实现智能制造。原有的产品生产过程太复杂，技术、时间、研发、运作方面的成本过高，融入信息技术后，产品呈现智能化，这是"两化"融合的重要体现。信息化时代的变革之下，创新会出现在各个领域，通信技术、软件技术、传感技术、计算机技术、软件技术等工业领域的关键技术已经持续被应用在传统的产品制造，使产品在原有的基础上提升了知识和技术含量，实现产品智能化。

工业类型的产品，如起重机、轴承、机床、破碎机、机械、汽车、仪表、液压件等产品的智能化水平呈现大幅度提升的同时，其产品的安全性、实用性和可靠性都在同步提升，这些都可以充分体现出相互融合的过程不是单一的，而是整体并具有系统联动效应。如今，人们全方位的需求和想象都能得到满足，工业产品可以和其他高科技产品一样实现自动化、智能化识别、实时定位、监测和追踪等。

产品融合带来的价值没有局限在产品智能化水平提高的层面上，其带来的高附加值是与产品相关的增值服务，这越来越被企业重视。目前，与产品智能化相关的增值服务包括设备的检查、维修、售后、故障诊断、远程操作等专业化的服务。

二是业务融合。从融合的角度来看，业务融合是信息技术在业务服务系统上的结合和应用。企业要处理的任何事务都可以实现信息化，包括研发设计、生产制造、经营管理、市场销售、服务等方面。

具体而言，体现在两个方面：一方面，信息化快速发展之下，企业之间的竞争已经升级到产业链之间的竞争。产业链是企业间的各个业务系统的集聚效应，具体表现为供应链的业务管理系统、企业资源管理业务系统和产品管理业务系统的整合，产业链的上下游的企业中的协同研发、协同管理等方面。另一方面，产业链下企业各个业务系统之间的聚集效应。主要体现在企业研发生产过程、运营管理、存储物流配送等环节之间聚集应用的整体水平的提高。只有真正实现与生产、供应管理、销售、售后、财务、仓储等一系列业务上的无缝集成应用，才会真正实现产品的有序开发和管理。而只有实现了生产系统管理、供应链管理、客户关系管理、企业资源管理等系统的综合集成，才会实现企业的集聚融合、生产销售一体化和管理掌控衔接自如。

三是技术融合。所谓技术融合，简单说就是指工业技术与信息技术实现融合互动的过程，信息技术参加或者渗透进工业技术，用先进的信息化技术改造和升级传统工业的研究开发、生产工艺、制造流程、管理流程、仓储物流、销售及售后服务各个环节，实现研发设计信息化、生产过程信息化、生产方式柔性化和经营管理信息化，最终达到信息技术综合集成应用的目的。

技术层面在工业化运作过程中普遍体现，比如组织管理、生产流程和经营战略等。技术方面的应用是从量到质的飞跃发展过程，由简单到复杂、由局部到整体、由单一到集成，这些是简单的单项应用不能达到的高度。

"两化"融合的另一个典型表现就是技术方面的融合，传统产业技术与信息技术的综合集聚效应是技术融合的高级阶段，是构建智能化生产体系的重要保障。整个企业生产过程中的每个环节都很重要，信息技术的融入更是影响着各个方面，在一定程度上决定了企业能否整体提高经济效益和竞争水平。技术融合和其他融合一样，是一个逐渐渗透的过程。

技术融合所带来的信息技术在经营管理系统、制造生产系统、售后服务系统等核心业务系统的集成应用，可以优化资金流、物流和信息流，高效率、高质量地满足用户所需的产品和服务，极大提升企业在市场竞争中的应变能力和生存能力。

四是产业融合。产业之间的融合，简单理解就是将信息技术应用到各个产业领域中产生集成效应并协同改造，最终使各个产业结构得以优化、转型和升级。在中国，产业融合所表现的两大方面是工业的信息化和新生态的诞生。工业信息化方面，具体体现在产业支撑"两化"融合发展能力。

"两化"要顺利实现融合，就需要具备融合所必需的两类条件——"硬件"和"软件"。"两化"融合是在自主产业体系基础之上的融合，要有能够支撑"两化"融合发展的自主可控的全面产业体系，主要应具备两个方面的能力：一是"硬件"能力。"两化"融合的"硬件"指的是，形成信息技术实现产品智能化和转型的能力；形成信息技术与传统技术之间的协同创新机制；拥有医疗电子、机床电子、船舶电子、信息家电、汽车电子、电力电子、航空电子、基础电子元器件、集成电路等工业领域的产业化能力和技术创新能力；拥有支撑"两化"融合的技术装备能力。二是"软件"能力。"两化"融合的"软件"指的是，生产过程、研发设计、经营管理、市场销售等流程达到智能化、数字化、网络化；实现工业软件在工业控制系统、高档数控系统、制造执行系统等领域的开发；加快工业软件研发、工业生产和生产性服务体系的建成等。

总之，"两化"融合既需要产业融合所提供的"硬件"，也要"软件，还需要强大创新力的电子工业、软件工业体系，更要集成强大能力的信息技术服务业和信息产业的突破技术。

9.3 通过利他竞争力实现价值维护

9.3.1 利他主义

9.3.1.1 利他主义的概念

利他主义的提出是从利己主义理论的对立面而来的，利他主义主要表现在经济学领域，因为经济学中"理性经济人"的假设是从人的自利性得来的。经济学中最早提出"利己"和"利他"概念及其两者之间关系的是经济学主要创立者亚当·斯密，他在《国民财富的性质和原因的研究》中写道："只要生活在社会中的人，没有人不怀着'自私的打算'。"经济人的"利己"概念认为，积累经济财务的"利己"行为是推动全社会进步的动力，斯密从"利己"角度出发，第一次把个人为己的利益动机和利己行为清晰、全面、系统地纳入经济学范畴。后来，斯密又在他的伦理学书籍《道德情操论》里提出，从每个人的"同情心"视角出发，用同情原理来解释人类本身，就会存在善良、正义感和其他一切情感道德。他认为，"利他"行为的存在，可以维系社会的安定。

经济学中提到的"利他"研究经历了多个阶段。首先是对利他的概念和存在的现象进行研究，主要探讨利他是否存在、如何存在，以及对经济的影响等；其次是利他内在的原因，即利他形成的原因和外界因素是否构成人的利他心理的研究；最后是观察和收集利他行为，研究行为表现和行为动机。

9.3.1.2 利他主义的类型

利他行为从广义上分类，主要是亲属利他、纯粹利他、共赢利他。

一是亲属利他。主要是指那些与自己有亲戚关系、血缘关系的人，为了他们的利益，自己可以作出某种牺牲和付出，其中不包含任何的功利目的，心甘情愿的牺牲。

二是共赢利他。主要是指没有亲属关系的人通过作出一些牺牲，可以获得双方的共同利益，类似投资会有回报的形式，但是投资就会有风险，不一定会有回报，这个在学界也是一直有争议，这和道德情操还有一定的关联，需要某种识别机制得以控制。

三是纯粹利他。这种利他的行为没有亲属关系，在不抱有任何回报的情况下，依然对某些人作出一些利他行为。主观上没有任何回报的利他行为，可能在情感上需要满足、夸赞和肯定等，这方面的利他行为更多是从心理学的角度去分析。严格意义上来说，真正的单纯利他行为存在争议，无法找到真正的行为动机。

9.3.2　商业文明的利他竞争力

人生要想获得成功会历经艰难险阻，没有轻而易举的成功。同样，并非所有的事情都复杂多样，有时候完全取决于个人的心态，这时候，从哪个角度去出发显得尤为重要。如今的商业环境竞争激烈，就像堵在上下班高峰期坏了红绿灯的十字路口一样，想立即杀出一条康庄大道并不容易。换个思路，假设十字路口是立体交叉，就像立交桥一样，大大提高了汽车的通过率。

看待问题的时候不要局限于一种角度，如果提升一下高度，答案很快就会出来。无论何时，面对任何困难，我们应该具有把事物简单化、明朗化的能力，把握本质才能"高瞻远瞩"。在管理企业时只有远离自私自利，心胸宽阔，拥有光明磊落的利他胸怀，才会有更高的视野，看得更广阔。

前面提到，企业之间的竞争力已经从产品竞争逐渐变成服务竞争。服务竞争力的核心基本点是利他主义，也就是利他竞争力。信息可以共享、技术可以提高、理念可以更新，但是从整个企业的发展走向来看，企业若只想赚钱，那必然走不长远。"利他"的核心是为他人着想，让他人获得利益，在自己创造价值的时候也要考虑能为别人创造价值。经济快速发展的商业环境，作为企业高层必须考虑到这一点。"利他"要贯穿整个企业的管理运营和企业文化，并从内部到外部进行传递和渗透。

在追求商业高度文明的社会环境下，社会对企业的评判标准也越来越广阔，企业一味的利己不利他的行为在发展的过程中可能会越来越困难。企业对社会应承担一定社会责任。如果企业不承担应有的社会责任，一切都从自身利益出发，最后将会损害自己的竞争力，无法长久生存。企业"我行我素"的行为有时不仅违反国家法律，在社会道德层面上也不会被接受。美国、德国这些发达国家从早期就开始重视环境保护，深知环境在社会发展的巨大作用，多数企业在合作理念中不愿意与污染型企业进行合作，人们也不会去购买这些污染企业生产的产品。消费者不认同，企业则更不会认同。那些在生产过程中只考虑自己利益而忽视大众利益的企业很难持久经营，最终要被社会淘汰。例如，在 2008 年"汶川大地震"期间，加多宝集团立即捐款 1 亿元，一时间让所有人都感受到了加多宝的温暖，认为这家企业并不是只考虑经济利益，关键时刻帮助社会，被称为有"人情味"的企业，随后加多宝公司的效益越来越好，社会更愿意认可利他行为的企业。

　　大部分人都会认同利他主义、利他行为的真实存在，但是对于企业的发展，利他行为真的可以让企业成为一种竞争力吗？普遍的认知是，利他行为的出现一定会产生自身利益的损害，即其他额外成本，这是得不偿失的竞争力。还有一部分人认为，企业的利他行为是企业在社会上得到认可，有一定的经济基础或者说已经具有很强的竞争力的前提之下，额外做一些善事罢了。这种理解有些片面，目光短浅，在企业的发展过程中，希望企业走得越来越好、越来越远，让利他融入企业文化，深入员工行为的骨髓，久而久之形成一种竞争力，这需要很长的过程。企业要让员工意识到，为公司创造价值就是为自己创造价值，这些理念是与企业家、高管的管理性利他行为紧密联系，形成这种利他文化的基础是员工要对公司产生忠诚度，形成集体性利他，员工也是公司的利益相关者。在未来的商业环境中，信息化发展越快，竞争信息就会更透明，主观价值上的利他意识就会更强烈。

　　事实胜于雄辩，确实有实际例子来证明"利他"能够产生比"利己"更强的企业竞争力。稻盛和夫的京瓷企业管理就是一个强有力的事例，令人钦佩的企业家用他的实践向世人证明，利他动机可以产生强大的竞争力。在稻盛和夫的管理理念中，企业的全部员工，无论是对内部还是对外界，全部都严格奉行"奉献精神"，传递"奉献社会、奉献人类"的理念，正所谓"站得高看得远"，稻盛和夫的成功离不开他的眼界和做人的格局。企业在不同的发展阶段所产生的利己和利他的行为动机所代表的意义不同。企业发展初期，考虑的问题是如何生存立足，因此一开始考虑利己比较多，随着社会经济的发展，企业的实力逐渐增强，企业的"利己"和"利他"开始发生变化，利他的成因动机逐渐变多，"共赢"利他开始显现，通过相互合作共同得利的结果形成利他行为。最后，社会产生的利他舆论、"同情"利他、情感利他等，这些是文明社会的必然产物。随着市场竞争的不断加大，企业与企业之间、企业与社会之间、企业与受众之间的联系都越来越紧密，社会利益的观念也比较突出。因此，我们不难发现，社会对企业利他行为的要求与整个市场竞争环境的发展成正比。激烈竞争激发了企业竞争核心的变化，利他竞争力就被凸显。因此，企业若想提升整体竞争力，必须从被动利他到主动利他转变。

9.3.3　世界工厂网的慈善利他主义

随着环保意识的增强，人们已经意识到环保的重要性，从中国目前对于环保投资措施的统计数据看，投资在环境保护方面的主要有三个方面：第一，投资在城市环境的基础设施，主要在整个城市的环境卫生、绿化建设、集中供热设备、排水排放工程的建设、天然气工程等；第二，投资在工业污染治理，目前中国工业污染非常严重，工业企业在生产过程中产生的废气、废水、重金属等直接危害人们的身体健康；第三，投资正在建设的项目，主要指城中村拆迁改建、区域性扩建项目等所产生的污染。

事实上，大部分关注的环保对象是倾向于设定的重点行业，忽略了其他行业的减排措施，甚至有些措施治标不治本，无法有效改善烟尘、二氧化硫、重金属、一氧化碳等有害物质的排放和治理。这些会引起人类的耳、鼻、喉等呼吸方面的疾病，中国2015年多次发布雾霾红色预警，相关企业必须进行深思，为人类环保事业作出贡献。

世界工厂网的核心价值观是：创造价值、共享价值、遵守秩序、尊重价值。世界工厂网的信息技术、平台资源、交易服务等都在为工业企业提高生产率、创新能力和竞争力等方面发挥着关键作用。不仅如此，世界工厂网追崇的是绿色经济，既明确未来的发展方向是提升工业企业的价值，还希望未来的工业企业生存在一个绿色生态的经济环境。

由于世界工厂网是专注工业品采购的电子商务 B2B 交易平台，其交易模式是按效果付费，平台的服务定位是工业品领域，按效果付费的交易模式本身就是开放互惠的利他行为，在世界工厂网的平台上实现多方共赢的局面，世界工厂网深知未来绿色经济将是必然的发展方向。在推动新工业文明使命的同时必然关注和参与工业环保活动，为维护人类生存环境、合理保护资源与能源、有益人体健康为特征的绿色经济发展做一份贡献。因此，世界工厂网拿出1%的交易服务费放入世界工厂网发起的"绿色工业"慈善基金，这些资金将全部用于环保投资，主要是工业设备在生产中排放的污染物处理、固体废弃物处理、噪声控制、水污染治理、环保监测分析等。还有一部分是世界工厂网平台主页上发布的将用于环保服务的公益活动。在世界工厂网的页面，采购商、供应商、运营商都可根据自身情况进行不限额度的投入。

慈善的利他行为是未来社会发展的重要标识，企业未来的发展愿景将是共同推进全球人类的文明发展，利他型企业会得到社会各界的认可和肯定，提升企业的正面形象。

新工业文明的反思及展望

本篇分为两部分：第一部分，阐述了新工业文明发展的不同阶段，并对新工业文明的发展进行了反思。第二部分，指出新工业文明可能遭遇到的挑战并对新工业文明进行展望。新工业文明的挑战包括：伦理道德的自我冲突、技术壁垒和贸易壁垒的叠加封闭以及商业利益和社会福利平衡等。展望新工业文明的未来发展，其最终目标必然是走向"人本"经济时代。

第 10 章　新工业文明的发展和反思

随着工业的不断发展以及互联网和工业的深度融合，新的工业形态将以全新的方式重塑价值发现、创造、传递、沟通和维护的过程。从价值发现的角度来看，互联网在工业中广泛和深入的应用，能够拓宽价值发现的途径，通过互联网的放大效应和规模效应，极大地开发了长尾的价值，使价值发现的过程变得更加多元化。从价值创造的角度来讲，单向的价值创造转向价值共创。利益相关者通过平台的连接实现多向互动，形成富有活力的价值生态系统，从而影响生产方式的变革。以世界工厂网为例，工厂网的采购商、供应商以及运营商通过平台连接在一起。采购商的购买需求会真正直接影响运营商的运营决策和供应商营销计划的调整，三方在平台的良性互动将重塑 B2B 电商规则，整个平台的创新模式也将重构工业品的采购体系，营造一种开放、多边协作、合作共赢的生态环境。从价值传递的角度讲，原有价值或商品传递的渠道被弱化，"去中介化"的趋势将会更加明显，任何个体单元都将成为价值传递的载体，个体的作用和力量被互联网无限放大，影响着价值的传递方式。从价值沟通的角度看，多方互动、社群互动、多平台整合营销将成为主要的沟通方式。从价值维护的角度看，方式会更加多元和持久，在利益共赢的基础上，创建良好的客户关系管理系统，用融合开放的心态，为客户创造稳定持久的价值。

从总体上说，新工业文明旨在重塑价值生态系统。当原有的价值体系受到新的生产关系和生产方式的冲击时，就会发生价值再创造的过程。原有的价值体系包含人们的生活方式、价值观、伦理道德体系。在新工业文明的发展过程中，人们面临着自身生活方式、价值观、伦理道德体系的快速转变，这是一个严峻的挑战。当然，价值体系再造的阵痛期，也孕育着新工业文明的巨大机遇。

在讨论新工业文明之前，我们需要先把目光拉回到传统的工业革命，通过对三次工业革命特点和影响的分析，去洞察未来新工业文明的发展趋势。

10.1 三次科技革命的发展和影响

10.1.1 第一次工业革命

18 世纪 80 年代，一场象征着人类进入工业时代的革命在英国展开。英国工业革命（第一次工业革命），标志着社会发展史上一个全新时代的开启，拉开了世界向工业化社会转变的序幕。其他国家也从工业革命中看到了国家振兴的希望，于是纷纷开始学习英国工业革命的先进技术。科学技术的进步，特别是蒸汽机的发明，使人类加快了发展进程。工业革命是人类历史的伟大飞跃，它的成功并不是偶然，而是一种生产力的发展和另一种生产力的退出，从此结束了封建社会自然经济的统治地位，传统的小农经济也受到破坏。它不仅使社会生产力得到根本提升，为社会增加物质财富，也从根本上改变了生产关系和生产方式；同时，第一次工业革命产生的社会矛盾加速了工业资产阶级和无产阶级的分裂。无产阶级一方面为工业资本家带来了剩余价值，另一方面，也在和资产阶级进行斗争，工人运动在这个时期逐渐兴起。

10.1.2 第二次工业革命

19 世纪中期，资本主义经济的迅猛发展为科学技术的发展提供了雄厚的物质基础。70 年代，第二次工业革命拉开帷幕，人类进入了"电气时代"。第二次工业革命进一步推动了经济社会的发展，在经济、政治、文化、军事、科技等领域产生了深远的影响。同时，帝国主义逐渐开始加快殖民统治步伐，以求在世界经济体系中获得更多利益。

10.1.3 第三次工业革命

20 世纪四五十年代，第三次工业革命正式开启，原子能、航天、电子计算机技术得到迅速发展，这是继第一次工业革命和第二次工业革命后，人类在科技领域的又一次重大飞跃。科技革命对国际社会产生了更加深刻的影响，随着工业革命进程的推进，资本主义之间的不平衡开始加剧。社会主义国家与西方资本主义国家在政治经济方面展开激烈竞争，世界政治经济新格局逐步形成。

10.2　工业文明的反思

自 18 世纪中期以来，世界几乎所有国家和地区，都或多或少受到工业文明的影响和冲击。然而，只有少数发达国家如英国、美国、法国、德国和日本等成为工业强国。对于大多数发展中国家和地区，他们与发达国家综合实力的差距在不断拉大，而且这种局面在短期内似乎很难发生改变。换句话说，以工业经济为主体的现代文明，经过 200 多年的发展，对于大多数国家来说，从中真正获益的国家很少。此外，这种固化的国与国之间发展不平衡的格局，严重制约了第三世界国家的发展进程。以中国为例，在特定历史时期，中国未能跟上世界工业发展的脚步。当西方国家纷纷步入发达国家的行列时，中国的工业化进程才刚刚起步。之后，当中国这样一个人口众多的发展中国家开始为实现工业化而努力奋斗时，已经实现工业化的国家也对中国经济的崛起感到震惊。"中国威胁论"随之甚嚣尘上，贸易保护主义兴起。工业文明，在一些国家和地区也变成了双重标准。这种逆经济全球化而动的方式值得我们反思，让我们不得不重新探讨人类未来发展的正确方向。工业文明在深刻改变人类生产生活方式的同时，也暴露出很多弊端。

10.2.1　工业文明具有掠夺性

在工业化的进程中，绝大多数国家是依靠对外扩张和对外侵略来实现的，主要形式是殖民地抢占生产资料和掠夺海外市场。中国近代史是西方工业强国进行资本原始积累的真实写照。在世界范围内，两次世界大战无一不是工业大国发起的，主要目的是掠夺生产资料和产品市场。发达国家不断对外进行资本输出，在发展中国家开拓市场。这种市场交换看似平等，实则是一种非对称的交换，只是这种掠夺相对文明。

从一定意义上讲，发达工业化国家的兴起是以非工业化国家的牺牲为代价的。发达国家掌握着科技、军事等绝对优势，控制着政治、经济等国际规则，通过不平等的世界经贸体系，不断制约着新兴国家的发展，将失业率、通货膨胀、贫困、资源枯竭等发展的副产品让发展中国家买单。整个工业发展史，不仅是发达国家对发展中国家的掠夺，实际上也是人类对大自然的掠夺。这场史无前例的疯狂竞赛，让不可再生资源被疯狂开采，水源、大气被肆意污染，人类的物质贪欲也随之日益膨胀。

10.2.2 工业文明发展的本质是物质至上主义

在工业文明时代，物质需求超越亲情、友情、忠诚等人类的自然情感；金钱关系成为维系社会关系的纽带，主导着人类社会的生产和经营，影响着正常的人际交往和社会生产经营活动。马克思曾在其《1844 年经济学哲学手稿》中曾提出："资本主义让人类异化成了物质、金钱的奴隶。"资本主义的发展伴随着工业文明而兴起，在深刻影响社会发展的同时，也在一定程度上把人类引入歧途。

10.2.3 工业文明以丛林法则为主导

工业文明强调自由竞争，强调按照市场机制配置资源。这种优胜劣汰的方式一定程度上提高了资源和劳动力的利用效率，增加了社会总财富，但是忽略了人文关怀。人类生产生活的最终目标是自我实现和自我价值的创造，所以每个人都有发现自身价值和获得幸福的权利。赢者通吃、一家独大的丛林法则与新工业文明时代的"人文主义"精神背道而驰，因此难以继续主导这个时代人类的生产和生活。

10.2.4 传统工业文明的不可持续性

工业生产相对农业生产而言，生产资料几乎是无限的集约化生产。农业生产严重依赖气候、阳光、水、肥料等可再生的生产资料，这些生产资源很难被集约化。而且，许多工业生产资料是不可再生的，也是不可循环的，农业生产资料则恰好相反。工业文明代表着人类对自然的疯狂掠夺，发达国家对不发达国家的掠夺，以及发达国家在经济全球化的双重标准。经济学鼻祖亚当·斯密在 1776 年出版的《国民财富的性质和原因的研究》中指出："市场受一只看不见的手的引导，去尽力达到一个并非它想要达到的目的。也就是说，市场并非出于本意，就能够对社会的发展产生不利的影响。市场在追求自己利益的同时，往往能比在真正出于本意的情况下更有效地为社会的利益产生促进作用。"然而，令人遗憾的是，在真实的工业文明，财富分配更多的是遵循此消彼长、弱肉强食的丛林法则，一方获利的同时往往也意味着另一方的利益受损。

总体而言，造成上述种种状况的主要原因是人类在发展观念上存在严重问题，也可以说是传统的工业文明存在诸多问题。传统的工业文明遵循的是"物质生产为先，经济发展高于一切"的理念和"物质消费至上"的价值观，在行动上自然而然地表现为对物质和自然界的无限占有和掠夺。

　　当前，人类所面临的生存环境越来越恶劣，正是传统工业文明的局限性所带来的后果。社会的飞速前进，科技的快速发展，新工业文明时代已经向人们走来。这使得人类社会需要作出新的抉择，并为新工业文明时代创造新的价值。

第11章 新工业文明的展望

11.1 新工业文明的挑战

总体来说，新工业文明时代可能会遇到如下三个方面的挑战：

11.1.1 人工智能引发的人类伦理道德冲突

2013 年，在汉诺威工业博览会上，德国联邦教研部与联邦经济技术部提出"工业 4.0"概念，为未来制造业的发展描绘了蓝图。继蒸汽机、规模化生产和电子信息技术三次工业革命后，人类即将迎来以信息物理系统（CPS）为基础的第四次工业革命，实现生产高度数字化、网络化、机器自组织化。

由"智能工厂""智能生产""智能物流"为主题的"工业 4.0"将建立一个高度灵活的个性化和数字化生产服务体系，创造新价值的过程正在发生改变，产业链分工也将被重组。传统的价值观、生活方式、社会生态也会因为新的工业革命而发生深刻改变。"工业 4.0"在显著提高生产效率的同时，也给人类社会生活带来了巨大挑战。

美国提出"工业互联网"和中国提出"中国制造 2025"战略，一方面是为了在全球制造业的发展中占有一席之地，控制话语权；另一方面，也表明了全球经济的发展趋势与动态。这不仅能够推动全球经济的飞速发展，也让高科技广泛应用于人类的生产制造和日常生活，尤其带来人工智能的深度应用。但是，这也让人工智能引发的人类与机器之间存在的伦理道理问题随之而来。

在 IOE 时代背景下，物质世界正在演变成一个巨大的物联网。在这个信息物理系统，物体与机器可以实现持续自我管理和自我完善。计算机将逐渐从人们的视野中消失，而传感器、智能终端会越来越多地融入人类的日常生活。未来社会是万物互联的物联网社会，人们可以在任何时间、任何地点，与任何事情产生互联。

科技革命即将颠覆现有经济与金融体系的基础，科技进步带来的优势和问题还无法预测，但这些风险注定会存在，但也必然会找到解决方案。

长期以来，人类能动地认识和改造着客观世界，创造了现代文明。工业革命、电气革命和信息技术革命极大地增强了人类改造自然与社会的信心。然而在"工业 4.0"时代和 IOE 时代，机器在生产的众多环节取代人，人工智能作为"工业 4.0"的核心，将会全面服务于人类生产生活的各个方面。我们必须要学会如何与智能机器和谐相处，共同承担生产和生活的各项分工。

怎样在机器时代全面来临时保持人类的幸福感，以及新的规范体系如何和已有的伦理道德价值体系相适应，是一个无法回避的课题。但也不能因此就得出结论说人类对这一变革束手无策，面对越来越智能化的机器人，人类可以采取适当的规避策略，例如，加大在机器人没有优势的领域的投入，例如设计、手工业、交流、哲学、环境等。

11.1.1.1　人工智能

人工智能已经不能算是一门新的科学技术，作为研究、开发，用于模拟、延伸和扩展人的智能理论、方法、技术及应用系统，它的重要目标是使机器能够胜任一些通常需要人类智能才能完成的复杂工作。例如，繁重的科学和工程计算本来只有人脑才能完成，但是计算机出现后，它能够比人脑做得更快、更准确，显著提升工作效率。例如，超级计算机的出现为人类解决了人脑根本无法解决的复杂计算问题，广泛应用于航天科技、军事等领域。

人工智能的发展史和计算机科技的发展史紧密联系在一起，除了计算机科学以外，人工智能还涉及自动化、信息化理论、控制论、生物学、心理学、语言学、数理逻辑学、医学和哲学等多门科学。

11.1.1.2　人工智能的哲学争论

随着人工智能的不断发展，计算机科学界和人们关于人工智能的发展存在广泛的争论。归结起来，这些争论主要表现在以下四个方面：

一是符号主义。人工智能的研究从符号主义分析为功能模拟方法。人工智能得以实现主要是利用计算机来进行模拟，从而分析人类认知系统中所具备的具体功能和机能。符号主义在建立人工智能的统一理论体系中主要运用的是数学逻辑方法，由于方法单一、缺乏多种理论支撑，其过程会遇到很多暂时无法解决的难题，同时也受到其他学派的否定。

二是联结主义。人工智能的研究从联结主义分析主张运用结构模拟的方法。主要模拟人类的生理结构、神经系统结构、认知结构。联接主义认为，这些结构和功能与人工智能行为密切相关，不同的结构表现呈现不用的功能和行为。

三是行为主义。人工智能的研究在行为主义的方向分为两个方面：一方面是理论层面，认为功能、结构和智能行为密不可分，不同的行为表现出不同的功能和控制结构；另一方面是运用行为模拟法，通过跟踪人类行为模拟、揣测、分析行为功能与人工智能的结构相关性。部分学者认为行为主义的研究方法无法创造出人的智能行为，只能创造出智能昆虫行为。

四是强人工智能的哲学争论。人工智能的研究方向依托"强人工智能"理论，"强人工智能"一词最初来自约翰·罗杰斯·希尔勒，他针对计算机和其他信息处理机器创造了该词汇。"强人工智能"观点认为，计算机不仅是用来研究人的思维的一种工具，相反，只要程序运行适当，计算机本身就有思维。

强人工智能的争论要点是：如果一台机器的唯一工作原理是对编码数据进行转换，那么这台机器是否具备思维能力。希尔勒 1980 年认为即使机器通过了图灵测试，也不能充分说明机器像人一样有思维和意识。有哲学家持不同的观点，丹尼尔·丹尼特（Daniel Dennett）1991 年在其著作《意识的解释》（*Consciousness Explained*）中认为："人不过是一台有灵魂的机器而已，普通机器也可以像人一样有智能。"

11.1.1.3　人工智能引发的伦理道德冲突

随着计算机在不同领域的快速发展，机器人伦理学应运而生，这是由于机器化、自动化、智能化代替工作和生活的同时，人们要注重机器人的"伦理道德"。它与人工生命伦理、网络伦理等均属于计算机伦理问题研究的范畴。人类在这一项理论上逐渐发展并获得一些成就。比如说 20 世纪末，国际上不断重视机器人的发展，机器人技术在国际上取得不断进步，但这也引起了一些人的担心，随之而来的伦理问题引起了人们的强烈关注。例如，机器人能否借助"人工智能"产生一些道德决策，让它们的活动逐渐符合人类的活动形式；是否可以直接作为社会成员参与人类活动，是否可以像人一样独立思考，诸如此类的问题引发人们一系列思考，关于人与机器之间的关系也引发了一系列深层次的哲学思考。

科学技术的不断发展，机器人从"机械机器"转化为"活的机器"，现代生物科技的不断发展，也促进了它们开始与机器人技术相互融合。因此可以说，在某种程度上机器人反而比人类更加聪明。但是由于科学技术的制约，现有的机器人思想只停留在"指令"层面，已经无法跟进机器人的超速发展，也可以说机器人思想在伦理和哲学层面还有很大的发展空间。同时，这种"活的机器"的出现也将极大地改变人与机器之间的关系，它们已不单单是人类利用的工具，而是已经上升到人类社会成员层面，人机之间需要和谐相处，这样才能促进技术和社会的发展。

当机器人借助"人工智能"产生创造性效果后，也许可以发展到具有自我意识和自我决策能力的阶段，这个时候它们与人好像已经没有太多区别，这时机器人甚至会谋求与人类相似的道德地位。如果这些在将来能够得到实现，我们就要考虑另外一个重要的问题——人与机器人在伦理观念上是否有相同的价值观。如果答案是肯定的，那么阿西莫夫提出的机器人三大定律是否失效。反之，随着机器人在学习、意识及理解能力等方面的不断更新，面对勃克斯提出的"人＝机器人"的论题，我们又该如何认识。

由于机器人技术对人类社会会产生深远影响，其中对经济社会的影响巨大，因此人类的伦理道德是我们必须考虑的一个问题。机器人技术的伦理就是将机器人伦理原则规范化、制度化、具体化，其目的是最大限度地保护人类整体与个体的利益，实现人类与机器人的和谐发展。既然对于机器人技术及其伦理规制我们应该重视，那么我们可以从社会各个阶层各个方面着手进行分析。

一是针对政府管理部门。首先要充分认识到机器人产业的价值，其次要对机器人技术可能存在的社会风险进行总体评估，制定机器人技术发展的方向与规划。一方面，政府管理部门要有一定的针对性，要充分利用社会评价起到导向作用；另一方面，政府部门要适当调用经费，对科学研究的费用作出宏观调控，调动积极因素来发展机器人技术。

二是针对科技人员。科技人员应该遵循职业规范，发展创造力，主动了解关心机器人伦理问题，特别是要将机器人技术与伦理控制结合起来，对机器人进行伦理设计，从而使机器人具有一定的伦理判断能力。的确，科技人员只把研究重心停留在科学技术层面是远远不够的，还需要考虑到科学技术造成的社会影响。对机器人的伦理控制既是一个科学技术问题，也是一个社会伦理问题。机器人的伦理控制是一个长远的发展过程，对于各种各样的机器人伦理问题的解决，科学家们还有大量的工作要做。

三是针对人文学者。人文社会科学研究者应该发挥思想文化功能，优化各种各样的机器人伦理问题，并积极与科技人员合作。因为机器人伦理问题的解决仅靠科技人员是远远不够的。然而，由于不同民族的传统文化拥有不同的伦理思想观念，所以需要将机器人伦理研究与各国具体的传统文化相结合，这显然需要人文学者提供相关理论支持。

四是针对企业家。企业家们需要承担相应的社会责任，不能纯粹以追求商业利润为目的。企业家们应该主动承担社会责任，这不仅能促进企业发展，更要促进社会进步，这样的做法会被消费者认可，最终在市场竞争中获胜。如何将伦理与经济有机地结合起来，实现二者双赢，是企业伦理与决策的研究内容。从长远来看，机器人企业应当走"伦理与利润并重"的发展道路，在产品研发时注重对机器人进行伦理设计，生产符合伦理规范的机器人，并对其使用范围与方式进行明确限定。

五是针对使用者。我们应该仅仅把他们当作一种生产工具，毕竟机器只是机器，它不可能代替人，因为人的情感生活、思考方式不是一般机器能代替的，机器人终究是人创造出来的，在很多情况下还是应该区别对待。比如，我们可以利用机器人完成一些工作，生活中机器人可以做家务，工作中可以做流程化、规则化的工作。但是机器人绝不能完全代替人的作用和属性，它们没有人的情怀和思想。我们可以让机器人陪伴老人，可是机器人的陪伴是没有温度的。我们与亲人之间的感情是无法代替的。虽然机器人没有情感，但使用者在使用过程中应该与机器人和谐相处，因为机器人也有生存的权利，使用者不要滥用和虐待机器人。事实上，国际上出台了很多关于机器人保护的政策，例如韩国、日本、美国、德国等一些国家都在着手制定关于机器人使用的伦理指南。在人类即将进入机器人的时代，我们在尊重人权、尊重人的利益的同时也应该尊重机器人的利益，因为通过对待机器人的态度也可以反映出一个国家对国人的态度。我们应该认识到，伦理规制并不会阻碍科技的发展，而是为科技的发展指明前进的方向，更加符合人类社会的发展规律，同时对人类的进化还会起到一定的约束。当然，这里列出的机器人伦理规制的内容比较粗浅，更全面深入的内容还有待研究。另外，由于伦理规制并不像法律法规一样具有强制性，因此，在适当的情况下对机器人技术的伦理规制的内容研究应该与法律规制结合起来。

机器人在未来一定会得到广泛应用，但是我们需要关注的不是该不该使用的问题，而是如何使机器人的作用最大化。为了使机器人更好地为人类和社会服务，技术上的革新升级是必然趋势，同时不能忽略伦理规制方面的考量。

　　机器人的科学研究需要了解不同类型的机器人对不同社会所产生的作用和影响，在研究过程中，研究视角不应该局限在一两个方面，需要从各个维度了解和分析机器人在人类社会所起的作用。为了解决机器人伦理问题，必须对机器人进行伦理设计，但如何协调机器人时代人与人的关系，仍然是机器人伦理研究的关键内容。从根本上说，机器人伦理需要解决的关键问题是在机器人普遍存在的时代人与人的关系问题，而不仅仅是人与机器人的关系问题。

11.1.2　技术壁垒和贸易壁垒的双重封闭

11.1.2.1　技术壁垒

　　技术壁垒是一种非关税壁垒，即商品进口国在实施贸易进口管制时，通过颁布相应的法律法规，建立技术、包装、规格和标签等标准，制定认证制度、卫生检验检疫制度和相关检验程序，对进口产品的技术要求进行提高，增加其进口的难度，以此来保障国家经济安全和国内同类企业利益，维持国际收支平衡。

　　各国将技术壁垒作为维护本国利益的一种有效手段。近些年来，中国一大批传统优势产品频繁遭遇国外技术壁垒的排斥，使出口受阻，部分产品甚至被迫退出市场。

　　总体来看，技术壁垒主要与知识产权保护结合在一起。中国在对外贸易中遭遇的技术壁垒很多与知识产权相关。对于核心技术被发达国家掌握的电子元器件（芯片等），则构成了技术含量更高的双重技术壁垒。

　　在环境保护领域，由于各国发展水平的不同，特别是发达国家和发展中国家在环境保护技术和方式上的差异，技术壁垒同样存在。例如，欧盟在2003年发布《关于在电子电气设备中禁止使用某些有害物质指令》、《报废电子电气设备指令》和《欧盟未来化学品政策战略白皮书》等，虽然以保护人类和环境为主要目的，却对中国很多商品的出口产生巨大的影响，成为中国对外经济发展的重要技术壁垒。例如，2003年初，欧盟以有害物质残留为由对中国水产品和动物源性产品相继实施全面进口禁令，对这两类产品出口造成严重影响。

　　毫无疑问，由于技术壁垒的存在，发展中国家扩大出口、发展本国经济的目标受到限制，与发达国家之间的差距也会进一步拉大。对于发展中国家而言，技术落后、资金匮乏是经济发展的主要桎梏。应对和突破发达国家的技术壁垒，成为包括中国在内的发展中国家对外经济战略的重要组成部分。具体来说，需要从以下三个方面着手解决问题。

一是依靠技术转移和创新提高本国产品的竞争力。发达国家与发展中国家之间的技术鸿沟有持续扩大的趋势，通过技术转移可以缩小这种差距。为此，中国必须不断引进与吸收先进技术，通过技术外溢和后发效应的协同作用，使产品的比较优势快速呈现。

二是与国际标准和质量认证体系相对接。将标准与国际接轨，不断提高本国产品的质量和技术含量，增强出口产品的竞争力，是跨越国外技术壁垒的根本出路。

三是标准主动输出并成为国际规范。中国拥有巨大的市场空间，这是中国标准发展成为国际标准的先天优势。特别是在高新技术领域，作为当今世界技术标准争夺最为激烈的领域，尚有许多标准的空白地。中国在某些高新技术产业上已经形成竞争力，比如互联网的应用、大数据、云计算等，这些领域是中国最有希望实现跨越发展的领域。中国可以选择一些自己专长的技术指标，建立以自主知识产权为基础的标准体系，争夺国际话语权。

11.1.2.2　贸易技术壁垒

贸易技术壁垒是一种新型的贸易壁垒，它依然属于技术壁垒。基本特点是广泛性、隐蔽性、复杂性、合理性、灵活性和合法性，具体分析要依据不同国家的发展水平和客观情况，技术落后的国家基本被排除在贸易规则之外。目前，技术壁垒已经构成当代国际贸易发展的主要障碍，并已经成为新贸易保护主义者最惯用的贸易保护手段。虽然在国际社会共同协调下，一部分技术壁垒已经削减或消除，然而随着科技的快速发展，在强化科技安全、科技环保的要求下，新的技术壁垒不断出现。

11.1.2.3　新工业时代的技术壁垒

从德国的"工业4.0"，到美国的工业互联网，各国都在抢占第四次科技革命的高地，谋求领导权。"工业4.0"的实现，需要满足四个条件：一是标准化。当工厂内外的各种物品与服务通过互联网进行连接时，该过程涉及的数据格式、通信方式等许多内容需要标准化。二是复杂的在线系统管理。各种业务管理系统需要与实际生产过程相协同，系统整体变得更加复杂化，对系统的管理将更加困难。三是通信基础设施建设。需要建设可靠性高、适用于工业的通信基础设施，为数据收集和积累提供有力保障。四是网络安全保障。制订保障网络安全的对策与解决方案，确保当工厂与外界实现联网后，系统有能力防范恶意软件的入侵和网络攻击。

包括中国在内的大多数发展中国家，工业化尚未完成，仍然在工业信息化发展的初期，迎接更高层次的工业生产形态，对自身是一个极大的挑战。面临新工业时代的技术壁垒，各国也在想方设法排除阻碍，走出一条符合国情的发展道路。

11.1.3 商业利益和社会福利平衡

新工业在深度变革生产方式，给社会带来巨大商业利益的同时，也要兼顾社会福利的平衡。在新的工业文明形态下，需要更加注重公平正义，平衡权利和义务，商业利益的普惠性和非功利性。具体包括四个方面：

第一，追求社会平等和公正。社会福利的根本目标是社会正义，要使每个人在社会生活中都有平等的机会和待遇，不管贫富、强弱，都可以享受到社会进步的成果，参与社会发展的进程。

第二，权利和义务的不对称性。社会福利不设先决条件，它只要求受福利者属于本国公民，具有基本的社会成员资格。社会福利具有权利和义务的不对称性。

第三，保障和服务对象的全民性。社会福利的服务对象范围广，具有全民性，而且扩大到人们生活的各个方面，并且是为全体社会成员服务。

第四，非功利性和服务性。将社会福利作为"社会工资"提供给国民，它是国家和社会给予公民服务和帮助的责任与义务，不计功利，也不要求实物和金钱方面的回报。

11.2 走向新工业文明的人本经济时代

11.2.1 中国走向新工业文明的任务

2017 年国务院发布《关于深化"互联网 + 先进制造业"发展工业互联网的指导意见》提出"聚焦发展智能、绿色的先进制造业，按照党中央、国务院决策部署，加强统筹引导，深化简政放权、放管结合、优化服务改革，深入实施创新驱动发展战略，构建网络、平台、安全三大功能体系，增强工业互联网产业供给能力"的指导思想，以及到 21 世纪中叶，工业互联网网络基础设施全面支撑经济社会发展的发展目标。

为了实现工业互联网网络基础设施全面支撑经济社会发展这一目标，中国现阶段的任务主要有以下几点：夯实网络基础，继续推进连接中小企业的专线建设，为信息资源的上传和分享提供基础设施；打造平台体系，平台体系的打造能够起到整合资源的作用，促进共享模式的产生，完善平台的运营管理能力以及平台管理能力是努力的方向；加强产业支撑、促进融合应用、完善生态体系、强化安全保障、推动开放合作。

11.2.2 物本经济与人本经济的基本含义

从价值观来看，物本经济将人类价值归属于物类价值，重视物类价值胜过人类价值，忽视了人类价值，也就忽视了人类的自由和幸福。

一方面，物本经济发展观是以资本增值或财富增值为本的经济发展观。主张物本经济发展观的人本意是肯定本人价值、否定他人价值，其结果是物奴役人、人奴役人。否定物本经济发展观，并不意味着否定重视资本的意义，只是否定以资本为本。

另一方面，与之相对立的人本经济发展观则是以人类价值为本，指导经济的发展。它以人类为中心，将物类价值归于人类价值，在经济发展中不仅将人类当作手段，更当作发展的最终目的，当作世界的主体和主人。如果从人本经济发展观的外延分析，以马克思为代表的追求劳动解放（人类解放）的经济学、以西斯蒙第为代表的追求生活幸福的经济学以及以民族民主主义者为代表的追求民族平等的发展经济学等，都属于人本经济发展观。

11.2.3 新工业文明下的人本经济

新工业文明下，一切经济活动的本质目的，都是为了最大限度地满足社会全体成员的全部需要，促进人和社会全面自由地发展，这就是"人本经济"。

提到人本经济，其一切活动都需要"以人为本"，包括人类经济活动中生产、流通、分配和消费等各个环节。

第一，生产领域。人本经济不仅注重生产过程的物的结果，包括对产品、副产，以及对环境的影响，而且还要注重生产过程中人的安全和发展，使生产条件、生产过程和管理制度都更加人性化，通过生产过程实现人的自我价值，发挥潜能，最终以实现人与社会的全面自由发展。

大数据运用于制造业将会减少专门从事质量管理的人员数量，同时也会增加对工业数据科学家的需求。机器人辅助生产：一家塑料制造企业利用与人类高度相近且具有类似手部功能的机器人为其工作。这些机器人很容易接受新的任务。内置的安全感应器和摄像头让机器人可以与周围的环境进行互动。机器人所代表的科技进步将大幅削减生产环节中的人工岗位，比如组装和包装环节中的人工岗位，但同时也将创造出新的工作岗位，也就是机器人协调员。

无人驾驶物流工具：一家食品饮料制造企业采用了自动化运输系统，该智能系统可以在工厂中独立运作，从而减少了对物流人员的需求。

机器即服务：一家德国压缩机制造企业并不直接销售机器，而是将压缩空气当作一种服务来进行销售。企业为用户安装压缩机，并且按需对设备进行维护和升级。这样的商业模式不仅有助于增加生产和服务类工作岗位，而且还要求制造商扩大自身的销售队伍。

新工业文明时代信息技术在生产领域得到了更为广泛的应用。科学技术的发展以及机器人在各类生产车间的应用会促使生产力水平的提高，物质水平的更加丰富，同时也将人们从简单、重复性的体力劳动中解放出来，从而得到更加自由的发展。例如，接受更富技术性的培训，从事相对轻松的工作。

第二，流通领域。市场经济条件下的人本经济遵循交易平等、等价交换的原则。在市场运行条件下，绝不能容忍欺诈、不平等交易的行为，不能允许市场之外的力量巧取豪夺。要保障商业流通领域每个人权利的平等，防止出现两极分化，使绝大多数人都能够享受到经济发展所带来的优秀成果。

第三，分配领域，必须公正、公平，保证社会全体成员在和谐的社会关系中，享受与经济发展相匹配的生活，实现自我发展。解决分配不公、收入差距大、两极分化严重、贫富悬殊大等问题，保障社会的稳定和谐，提升公民生活的安全感和生活质量。

第四，在消费领域，消费对象、消费方式和消费关系必须有利于人的全面发展，满足并扩大消费需要，提高消费质量，优化消费结构。为了实现消费需要、消费质量与经济增长之间的良性循环，在经济发展水平的基础上，要充分利用已有的经济成果。

在人本经济时代，每个人都是全体社会成员的一分子。任何社会经济体都是由具体和单个的经济活动"个体"的有机组合，绝不是单个经济个体活动的简单相加。因此，在经济活动中，会存在各种各样的经济关系，从本质上看，人本经济保证了人与人之间的和谐相处，更有利于谋求社会全体成员的共同富裕、共同发展。

最后，对于我们人类而言，人本经济的本质突出表现为四种协调。一是人与自然的协调。在处理和自然之间的关系上，人们通过实践方式的不断改善，使自然的存在朝着有利于人的存在和发展的方向转化；在更大的范围内和更深的层次上，使自然更经济地创造出更多更优的社会财富，满足人类日益增长的多样化需求。二是个体相互之间的协调。个体的人存在于社会，难免与他人、与社会发生关系。人们通过相互的沟通和交往，使彼此之间的关系朝着更有利于发展的方向转换，构建更公正、公平、和谐的关系，在此基础上充分发挥他们的积极性和创造性，合理分享劳动成果。三是人自身的协调。改善个体的存在方式，使每一个人自由而全面发展，不单是消费能力和享受能力的提高，还要实现自身能力的不断提升。四是短期利益与长远利益的协调。通过不断积累劳动成果，为未来利益的实现奠定坚实的基础，创造有利条件，保证利益的持续增长，实现短期利益对长远利益的价值增值。

参考文献

［1］李海舰，田跃新，李文杰. 互联网思维与传统企业再造［J］. 中国工业经济，2014（10）：135 - 146.

［2］赵大伟. 互联网思维——独孤九剑［M］. 北京：机械工业出版社，2014.

［3］姜奇平. 什么是互联网思维［J］. 互联网周刊，2014（9）：70 - 71.

［4］江世亮，李辉. "工业4.0"时代的制造新思维［N］. 文汇报，2014 - 05 - 14，第10版.

［5］周佳军，姚锡凡. 先进制造技术与新工业革命［J］. 计算机集成制造系统，2015（8）：1963 - 1978.

［6］James Manyika et al. Big Data：The Next Frontier for Innovation，Competition，and Productivity［J］. McKinsey Global Institute，2014.

［7］李乔，郑啸. 云计算研究现状综述［J］. 计算机科学，2011（4）：32 - 37.

［8］Geelan J. Twenty one Experts Define Cloud Computing. http：//virtualizatiofL 8ys - corL com/node/ 61 2375. 2008 - 08.

［9］邹复民，蒋新华，胡惠淳，朱铨，庄孝昆. 云计算研究与应用现状综述［J］. 福建工程学院学报，2013（3）：231 - 242.

［10］Kevin Ashton. That "Internet of Things" Thing［J］. FRID Journal，2009（1）：97 - 114.

［11］Brettel M.，et al. How virtualization，decentralization and network building change the manufacturing landscape：An Industry 4.0 Perspective［J］. International Journal of Science，Engineering and technology，2014（8）：37 - 44.

［12］Sacala I. S.，Moisescu M. A. The Development of Enterprise Systems based on Cyber-Physical Systems Principles［J］. Romanian Statistical Review，2014（62）：29 - 39.

[13] 杨学山. 未来将全面走智能化 [J]. 电子工业专用设备，2014（12）：34.

[14] 李海舰，田跃新，李文杰. 互联网思维与传统企业再造 [J]. 中国工业经济，2014（10）：135 – 146.

[15] 左岸. 物联网："工业 4.0"加速前行的助推器 [J]. 通信世界，2015（8）：21 – 22.

[16] 刘涛. 冷思考："工业 4.0"不是制造业的"互联网思维" [J]. 通信世界，2015（8）：25.

[17] 叶雷. 给风口里的猪插上飞翔的翅膀——读《风口：把握产业互联网带来的创业转型新机遇》[J]. 资源再生，2015（3）：66 – 67.

[18] 左世全. "互联网 +"驱动生产制造方式转型 [J]. 互联网经济，2015（4）：44 – 47.

[19] 胡星辉. "工业 4.0"制造时代新思维 [J]. 纺织服装周刊，2014（45）：8.

[20] 詹张昊. "互联网 +"下发展信息经济需实现新突破 [J]. 浙江经济，2015（11）：32 – 33.

[21] 吕力，方竹青，李倩，等. "互联网 +"、"工业 4.0"与众创环境下的平台、大数据与产业政策 [J]. 科技创业月刊，2015（14）：23 – 24.

[22] 钟海. 大数据在工业制造业的应用与研究 [J]. 企业技术开发，2015（13）：104 – 105.

[23] 余东华，胡亚男，吕逸楠. 新工业革命背景下"中国制造 2025"的技术创新路径和产业选择研究 [J]. 天津社会科学，2015（4）：98 – 107.

[24] 王喜文. "互联网 + 工业"开创制造业新思维 [J]. 物联网技术，2015（7）：5 – 7.

[25] 李者聪. "互联网 +"时代产业转型思维 [J]. 人民论坛，2015（23）：110 – 112.

[26] 马化腾. 互联网 +：国家战略行动路线图 [J]. 温州人，2015（13）：87.

[27] 李善友. 互联网世界观（上）[J]. 企业研究，2015（5）：52 – 59.

[28] 夏妍娜. "工业 4.0"正在发生的未来 [J]. 商界（评论），2015（7）：52 – 55.

[29] 李金华. 德国"工业 4.0"与"中国制造 2025"的比较及启示

［J］．中国地质大学学报（社会科学版），2015（5）：71 - 79．

［30］顾维军．引资购商——"中国制造2025"的新思维［J］．中国经济周刊，2015（35）：79 - 81．

［31］郭朝晖．敲开"工业4.0"之门——"工业4.0"：即将来袭的第四次工业革命·导读［J］．可编程控制器与工厂自动化，2015（9）：34 - 35．

［32］李善友．互联网世界观（中）［J］．企业研究，2015（6）：50 - 55．

［33］维克托·迈尔 - 舍恩伯格，周涛．大数据时代：生活、工作与思维的大变革［J］．人力资源管理，2013（3）：174．

［34］舒华英，李曦烨．信息消费和比特经济［J］．江苏通信，2013（4）：10 - 12．

［35］刘智勇．简述现代国企制造业的新生产方式［J］．现代商业，2013（30）：126 - 127．

［36］贾丽平．比特币的理论、实践与影响［J］．国际金融研究，2013（12）：14 - 25．

［37］朱海．站在新工业文明的门槛上［N］．中国经营报，2015 - 01 - 05（11）．

［38］郭朝晖．敲开"工业4.0"之门［N］．光明日报，2015 - 09 - 15（10）．

［39］车晓蕙，扶庆．以创新驱动和"互联网 +"缔造新工业文明［N］．中国改革报，2015 - 09 - 28（6）．

［40］克里斯·安德森．创客：新工业革命［M］．北京：中信出版社，2012．

［41］叶雷．互联网思维有标准答案吗？——商榷《互联网思维：商业颠覆与重构》［J］．法人，2014（3）：95．

［42］姜奇平．什么是互联网思维［J］．互联网周刊，2014（9）：70 - 71．

［43］大卫·耶尔玛克．比特币经济［J］．科技创业，2014（Z1）：6 - 7．

［44］李杰．"工业4.0"——大数据环境中的工厂［J］．世界科学，2014（5）：17．

［45］芮明杰．"工业4.0"：新一代智能化生产方式［J］．世界科学，2014（5）：19 - 20．

［46］胡睿喆．比特币的现状与未来［J］．中国国情国力，2014（8）：60 - 62．

[47] 汀澜. 大变革　大转型　新思维 [J]. 汽车与配件, 2012 (44): 12-21.

[48] 张素蓉. 论工业文明与新工业文明的构建 [J]. 经济研究导刊, 2009 (6): 9-11.

[49] 陈全, 邓倩妮. 云计算及其关键技术 [J]. 计算机应用, 2009 (9).

[50] 吴吉义, 平玲娣, 潘雪增, 李卓. 云计算: 从概念到平台 [J]. 电信科学, 2009 (12): 23-30.

[51] 张晓阳. 论新工业文明 [J]. 贵州大学学报 (社会科学版), 2005 (4): 18-21.

[52] 刘丹. 试论网络经济与信息经济、电子商务的关系 [J]. 现代情报, 2005 (9): 217-218.

[53] 刘丹, 朱命榴. 模块化与制造经济——发展武汉现代制造业的新思维 [J]. 江汉大学学报, 2006 (2): 79-83.

[54] 韩民青. 从工业化向新工业化转变的任务、原则和方式——关于转变增长方式的深层思考 [J]. 哲学研究, 2006 (7): 112-117.

[55] 杨海成. 工业发展新思维 [J]. 军工文化, 2015 (2): 28.

[56] 何枭吟. 数字经济与信息经济、网络经济和知识经济的内涵比较 [J]. 时代金融, 2011 (29): 47.

[57] 朱彤. 网络经济、信息技术、信息技术产业与经济学: 不同研究视角的比较 [J]. 政治经济学评论, 2003 (1): 191-204.

[58] 岳泉, 谭华军, 施云. 信息经济、知识经济与网络经济 [J]. 图书情报工作, 2000 (10): 9-12.

[59] 张秀冰, 郭志卿. 网络经济: 一种全新的经济模式 [J]. 中共太原市委党校学报, 2000 (4): 15-17.

[60] 邱均平, 段宇锋, 颜金莲. 网络信息资源的经济管理研究 (II) ——论中国互联网信息的有效配置 [J]. 情报学报, 2001 (4): 386-394.

[61] 李英姿. 网络经济·知识经济·信息经济 [J]. 中共太原市委党校学报, 2001 (3): 50-52.

[62] 林凡. 中国互联网经济盈利模式探析 [D]. 福建师范大学, 2007.

[63] 孙坦. 信息经济与知识经济的比较 [J]. 图书情报工作, 1998 (12): 2-4.

[64] 钟义信. 信息网络与网络经济 [J]. 北京邮电大学学报 (社会科学

版），1999（1）：1 - 6.

[65] 夏妍娜，赵胜．"工业 4.0"：正在发生的未来 ［M］．北京：机械工程出版社，2015.

[66] 许正．工业互联网："互联网 +"时代的产业转型 ［M］．北京：机械工业出版社，2015.

[67] 陈琴．比特币的属性及其对经济的影响初探 ［J］．市场论坛，2014（10）：41 - 42.

[68] 王静．基于电子商务商业模式的网络采购模型研究 ［D］．东华大学，2008.

[69] 郑虹．B2B 电子交易市场采购策略研究 ［D］．厦门大学，2007.

[70] 赵建昊．B2B 电子商务商业模式比较研究 ［D］．首都经济贸易大学，2013.

[71] 冯艳．旅游企业客户价值分析的思路与对策 ［J］．管理观察，2006（1）：54 - 55.

[72] 杨美清．浅析 B2B 电子商务商业模式 ［J］．读写算：教育教学研究，2015（11）：414.

[73] 刘永存．以企业家精神改造大学：中国大学变革之道 ［J］．教育学术月刊，2009（8）：48 - 50.

[74] 田兆龙．产业链整合话短长 ［J］．中国畜牧业，2010（8）：16 - 17.

[75] 陈孟建．电子商务环境下企业价值链的研究 ［J］．现代商业，2008（6）：178 - 179.

[76] 胡一．基于大数据的电子商务个性化信息推荐服务模式研究 ［D］．吉林大学，2015.

[77] 范璞．B2B 电子商务诚信问题研究 ［D］．西南财经大学，2014.

[78] 王广宇．客户关系管理方法论 ［M］．北京：清华大学出版社，2004.

[79] ［美］菲利普·科特勒著，梅汝和等译．营销管理：分析、计划、执行和控制 ［M］．上海：上海人民出版社，1999.

[80] 贾月娥．客户关系管理趋势谈 ［J］．智能制造，2003（10）：19 - 20.

[81] 李宝玲．客户关系管理——网络时代打造企业竞争优势的利器 ［J］．改革与战略，2010（4）：49 - 51.

[82] 玉忠. 电子商务环境下的客户关系管理 [J]. 技术经济与管理研究, 2006 (4): 65 – 66.

[83] 王学颖, 冯慧敏. 企业电子商务与 CRM 的整合 [J]. 中国管理信息化, 2006 (4): 52 – 54.

[84] 魏娟, 梁静国. 基于数据挖掘技术的企业客户关系管理 (CRM) [J]. 商业研究, 2005 (7): 53 – 56.

[85] 张俊梅. 现代企业如何构建有效的 CRM 系统 [J]. 经济问题探索, 2007 (7): 179 – 181.

[86] 齐佳音, 韩新民, 李怀祖. 一种新的客户评价体系设计 [J]. 管理工程学报, 2002 (4): 4 – 7.

[87] 周晓敏, 胡悦, 张东生. 企业的客户价值评价指标体系的构建 [J]. 河北工业大学学报, 2004 (3): 81 – 86.

[88] 胡海波, 徐玲, 王科. 大型在线社会网络结构分析 [J]. 上海交通大学学报, 2009 (4): 587 – 591.

[89] 李园园. 社交网络使用行为与社会资本获得关系研究 [D]. 兰州大学, 2010.

[90] 马健. 信息产业融合与产业结构升级 [J]. 产业经济研究, 2003 (2): 37 – 42.

[91] 潘云鹤. 实现信息化与工业化的融合 [N]. 文汇报, 2008 – 11 – 12.

[92] 周振华. 信息化与产业融合 [M]. 上海: 上海人民出版社, 2003.

[93] 步德迎. 信息化与工业化融合的 4 大任务 [J]. 中国信息界, 2009 (7): 18 – 19.

[94] 崔向阳. 新型工业化道路内涵探析 [J]. 社会科学辑刊, 2003 (3): 74 – 78.

[95] 范雪萍, 周勃扬. 1840 年以来我国工业化思想的演变 [J]. 经济研究导刊, 2013 (2): 7 – 8.

[96] 周立群, 刘根节. 由封闭式创新向开放式创新的转变 [J]. 经济学家, 2012 (6): 53 – 57.

[97] 杨学山. 解读工业化与信息化的融合 [J]. 数码世界, 2008 (8): 11 – 12.

[98] 张明哲. 现代产业体系的特征与发展趋势研究 [J]. 当代经济管理,

2010（1）：42 –46.

[99] 简新华，余江. 中国工业化与新型工业化道路［M］. 济南：山东人民出版社，2009.

[100] 龚炳铮. 信息化与工业化融合的探讨［J］. 中国信息界，2008（1）：52 –55.

[101] 侯炳辉. 信息化历程上的脚印［M］. 北京：清华大学出版社，2011.

[102] 胡鞍钢. 科学发展与新型工业化［N］. 唐山劳动日报，2008 –05 –26，第2版.

[103] 胡培兆，陈其林. 科学发展观与中国新型工业化［M］. 厦门：厦门大学出版社，2006.

[104] 黄泰岩，李德标. 我国新型工业化的道路选择［J］. 中国特色社会主义研究，2003（1）：35 –41.

[105] 贾纪磊. 信息化与工业化融合：新型工业化必经之路［J］. 湖北经济学院学报（人文社会科学版），2009（8）：27 –28.

[106] 齐良书. 利他行为及其经济学意义——兼与叶航等探讨［J］. 经济评论，2006（3）：41 –48.

[107] 陈其人. 论"经济人"和利己与利他——兼论"斯密难题"的产生原因［J］. 当代经济研究，2003（1）：24 –28.

[108] ［美］加里·S. 贝克尔. 人类行为的经济分析（中译本）［M］. 上海：上海人民出版社，2002.

[109] 杨春学. 利他主义经济学的追求［J］. 经济研究，2001（4）：82 –90.

[110] 龙游宇，李晓红. 利己、利他与经济人假设［J］. 贵州大学学报（社会科学版），2007（2）：29 –32.

[111] 侯光明，李存金. 现代管理激励与约束机制［M］. 北京：高等教育出版社，2002.

[112] 杨皎平，徐维隆，赵宏霞. 产业集群下经理人隐性激励机制作用效果分析［J］. 管理评论，2010（5）：63 –68.

[113] 蔡秀玲，林竞君. 基于网络嵌入性的集群生命周期研究［J］. 经济地理，2005（2）：281 –284.

[114] 张妍. 产业集群发展战略是沈阳经济区一体化的关键［J］. 经济研究导刊，2011（22）：165 –167.

［115］张英杰. 沈阳经济区的形成、演变及发展策略探讨［J］. 经济论坛, 2011（3）：101 - 104.

［116］赵国鸿. 论中国新型工业化道路［M］. 北京：人民出版社, 2005.

［117］赵莹. 产业集群化发展的个案研究——以沈阳经济区为例［J］. 经济纵横, 2010（7）：101 - 106.

［118］赵振华. 关于"走新型工业化道路"的再理解［J］. 理论前沿, 2003（19）：11 - 12.

［119］郑海天. 深圳工业化发展模式实证研究［M］. 北京：经济科学出版社, 2006.

［120］周宏仁. 信息革命与信息化［M］. 北京：人民出版社, 2002.

［121］周宏仁. 信息化论［M］. 北京：人民出版社, 2005.

［122］周鹏. 信息化与工业化融合模式探析［J］. 信息系统工程, 2011（5）：123 - 124.

［123］周叔莲. 更加重视和发展信息化　大力推进信息化与工业化融合［J］. 中国信息界, 2008（2）：24 - 27.

后　记

　　这是一本关于新工业文明探讨的书籍，概念很大，想写进去的内容很多，但时间和精力有限的关系只能先这样截稿，希望在不久的将来有更多内容呈现给大家。

　　值此书稿即将付梓之际，书稿写作过程的一切都历历在目，让人倍感珍惜。在此，我要真心感谢家人、朋友和学生们给予我的支持和帮助，他们的支持和帮助使我终身受益。家人是我温馨的港湾，家人的支持是我前进的动力，在此衷心地感谢家人的付出。我还要感谢书稿创作过程中所有给予我支持的朋友和学生。世界工厂网的 CEO 乔景亮、总经理助理马中英、CTO 王路、技术骨干吕云毅等都给予了大力的支持；我的研究生邵朋朋、高艺嘉、梁涵、王渊、赵敏、赵伟伟等在本书写作过程中也提供了很多非常有价值的素材，还提出了很多中肯而宝贵的意见，真心感谢他们的付出！

　　深知我们学术水平有限，书中观点难免有不足之处，恳请各位读者朋友不吝赐教。

作　者

2018 年 6 月